*i*
imaginist

U0452758

想象另一种可能

理
想
国
imaginist

# 古代中日关系史

## 从倭五王到最后的遣唐使

[日]河上麻由子 著
梁适雨 译

民主与建设出版社
·北京·

© 民主与建设出版社，2024

**图书在版编目（CIP）数据**

古代中日关系史：从倭五王到最后的遣唐使 /（日）河上麻由子著；梁适雨译 . -- 北京：民主与建设出版社，2024. 11. -- ISBN 978-7-5139-4741-1

Ⅰ. D829.313

中国国家版本馆 CIP 数据核字第 2024D5H019 号

KODAI NICCHUU KANKEISHI: WANOGOOU KARA KENTOUSHI IKOU MADE
BY Mayuko KAWAKAMI
Copyright © 2019 Mayuko KAWAKAMI
Original Japanese edition published by CHUOKORON-SHINSHA, INC.
All rights reserved.
Chinese (in Simplified character only) translation copyright © 2024 by Beijing Imaginist Time Culture Co., Ltd.
Chinese (in Simplified character only) translation rights arranged with
CHUOKORON-SHINSHA, INC. through BARDON CHINESE CREATIVE AGENCY LIMITED, HONG KONG.

北京市版权局著作权合同登记号 图字：01-2024-5229

## 古代中日关系史：从倭五王到最后的遣唐使

GUDAI ZHONGRI GUANXI SHI CONG WOWUWANG DAO ZUIHOU DE QIANTANGSHI

| | |
|---|---|
| 著　　者 | ［日］河上麻由子 |
| 译　　者 | 梁适雨 |
| 责任编辑 | 王　颂 |
| 封面设计 | 尚燕平 |
| 内文制作 | 陈基胜 |
| 出版发行 | 民主与建设出版社有限责任公司 |
| 电　　话 | （010）59417749　59419778 |
| 社　　址 | 北京市朝阳区宏泰东街远洋万和南区伍号公馆 4 层 |
| 邮　　编 | 100102 |
| 印　　刷 | 北京中科印刷有限公司 |
| 版　　次 | 2024 年 11 月第 1 版 |
| 印　　次 | 2024 年 11 月第 1 次印刷 |
| 开　　本 | 787 毫米 ×1092 毫米　1/32 |
| 印　　张 | 8.75 |
| 字　　数 | 162 千字 |
| 书　　号 | ISBN 978-7-5139-4741-1 |
| 定　　价 | 59.00 元 |

注：如有印、装质量问题，请与出版社联系。

# 前　言

666年正月，唐朝（618—907年）第三代皇帝唐高宗（649—683年在位）在中国第一名山泰山举行了祭祀天地的封禅仪式。

中国史书记载，当时参加封禅仪式的不仅有皇后武后（武则天）、文武百官以及统治阶级的人们，还包括很多外国使者，他们来自中亚草原的霸主突厥、在西亚维持长期霸权的萨珊波斯、占据连通中亚和印度间战略要地的迦毕试、乌仗那国、中亚和南亚的印度诸国，还有东亚的新罗、百济、耽罗、高句丽等国，日本也派使者前来。

在三年前的663年，日本、百济遗民联军与唐朝、新罗联军在朝鲜半岛的白江口激战。百济此前于660年灭亡，此战的目的正是为百济复国，结果却是日本、百济军大败。而在举行封禅大典的这一年，唐朝已经在准备征讨高句丽。

封禅大典的目的之一正是要在亚洲局势动荡之际向周边各国宣扬唐朝国威。不久前才被唐、新罗联军击败的日本在泰山上切实地感受到了唐朝国力之强盛。对曾经反抗过唐朝的日本而言，这无疑是一种威吓。

在江户时代以前，日本一直把中国视作大国和憧憬的对象。从古代一直到近世\*，中国的文物一直受到日本显贵们的狂热追捧（同时，把玩中国文物的阶层一直在扩大，古代是皇族与贵族，中世是武士，近世则是大商人），从这个侧面我们也能看出日本人对中国这一大国的憧憬。

然而，史学界也有另一种由来已久的观点，即认为日本从古代的某个时候起就与中国建立了对等的关系，在此之后不再简单地把中国视作大国。

这种说法的主要依据是607年日本遣隋使呈给隋朝（581—618年）皇帝隋炀帝（604—618年在位）的书信中提到的"日出处天子致书日没处天子"这句话（《隋书·东夷传·倭国条》）。在这里，"日出处"指日本，"日没处"指隋朝。信

---

\* 日本史学以飞鸟、奈良、平安时代（3—12世纪）为古代，镰仓、南北朝、室町、安土桃山时代（1185—1600年）为中世，江户时代至迁都东京（1603—1868年）为近世。（本书脚注均为译者注）

中对两国的君主都使用了"天子"这一称号，持该观点的学者认为，这明显说明日本主张两国地位是对等的。

遣隋使是日本古代对外关系史的重要节点，这一说法在近代被编入了历史教科书。到了太平洋战争期间，随着战线扩大以及战况变得对日本不利，教科书上又加上了赞颂圣德太子的文章。圣德太子面对"国力强大、不把邻国放在眼里、欺凌邻国"（《初等科国史 上》，1943年出版）的隋朝提出对等的两国关系，这种姿态符合当时与世界列强交战的日本政府对国民的要求。日本战败后，赞颂圣德太子的文章迅速消失，这自然与政府不再需要通过历史教育影响国民的道德观有关。

今天的历史教科书上已经不再提遣隋使主张中日关系对等的说法。不过，虽然相关论述已经大为淡化，义务教育的教科书里却依然保留了不少表明"遣隋使以来中日开启了对等的交涉关系"的语句。面向大众的书籍也是这样。在进入21世纪的今天，遣隋使主张中日关系对等这种说法依然是社会的常识。

那么，真实的古代日本究竟是怎样看待中国的，又与中国建立了怎样的关系呢？本书将用实证的方法，描述古代日本在时刻感受到中国强大国势的状态下，以哪些手段、方针和目的同中国进行交流。通过这种描述，读者可能会读到与上文提到的"常识"有所不同的中日关系史。

具体而言，本书的研究时段起于5世纪，也就是史称"倭五王"的数位大王向中国淮河以南江南地区的刘宋王朝（420—479年）派遣使者的时代，止于9世纪晚期的平安时代初期，也就是日本朝廷采纳了菅原道真的建议，决定停止派遣最后一次遣唐使的计划的时候。

从倭五王开始写起，是因为不少学者认为日本在隋朝时提出对等关系的认知转变萌芽于倭五王的时代。而以最后一次遣唐使的中止结尾，是因为自那以后中日之间不再有国家层面的关系。不过，为了解释为何国家层面的往来没有重新开启，本书还会提及平安时代中期，也就是中国的五代十国（907—960年）以及北宋（960—1127年）初期两国人民的交流。另外，作为解读中日关系史的前提，本书也会详细讨论中国的社会、政治及文化动向。

这里也要对本书研究的范围稍作介绍。本书以中日关系为中心，同样也会涉及东亚、中亚、南亚、东南亚各地与中国的关系。这是因为中日关系的发展史与这些地区的历史有着相当紧密的联系。

我们可以以663年白江口之战的后续历史作为例证。668年，唐朝联合新罗攻灭高句丽，之后在包含新罗领土在内的整个朝鲜半岛设置了唐朝的行政机构。此举遭到新罗的强烈反抗，两国间爆发了战争。此战最终在675年以新罗胜利告终。

当时，唐朝正为了丝绸之路的贸易利益与中亚霸权吐蕃争雄。唐朝认为中亚的战略意义更为重要，因此放弃了对朝鲜半岛的经营。

在亚洲大陆上发生的重大事件往往环环相扣，影响到周边的区域，导致各个地方出现新的状况。这些局势的变化有时候会影响到日本，促使日本开启、中止以及重启对中国的交涉关系。而且，为应对新的形势，与中国交涉的方式也会有所改变。因此，如果把研究的视野拓宽到整个亚洲史，以此来看待日本古代的对中关系，应该能取得更有趣的成果。

需要注意的是，在研究古代日本的诸多问题时，我们必须考虑日本与朝鲜半岛诸国的交流以及从该地区获得的文物。然而，我们也应该意识到，日本与朝鲜半岛诸国的关系同样是以中国为中心的亚洲格局的一个组成部分，本书将把重点放在中日关系史上。

那么，在亚洲史的框架里重新来看日本古代的对中关系，会看到怎样的一面呢？就让我们开启与传统说法不一样的历史叙述吧。

# 目录

## 第一章 倭五王的时代
### "治天下大王"对中国南朝的交涉

第一节 5世纪的刘宋想要什么? /003

第二节 对倭国人的印象
　　　梁《职贡图》透露的信息 /018

第三节 "天下"是什么?
　　　中华思想在倭国萌芽了吗? /029

## 第二章 遣隋使的派遣
### 向"菩萨天子"朝贡

第一节 梁朝开启的佛教兴隆
　　　朝鲜诸国向倭国"公传"的意义 /047

第二节 倭王权的安定与大国隋朝的登场
　　对中交涉的重新开启 / 063
第三节 607年"日出处天子"的真正含义 / 072
第四节 对隋交涉的真相
　　为何主张对等关系？为何没有请求册封？ / 088

# 第三章　十五次遣唐使
## 每代一次朝贡的实情

第一节 从太宗的礼遇到白江口之战（630—663年）/ 101
第二节 唐朝方面的接近与请求改国号为"日本" / 123
第三节 用佛教取悦崇佛的唐朝
　　鉴真来日与拒绝道教 / 151
第四节 衰微的大国与排外主义
　　圆仁眼中的中国 / 174

# 第四章　巡礼僧与海商的时代
## 10世纪唐朝灭亡以后

第一节 最后的遣唐使计划
　　宇多天皇的意向与菅原道真的反对 / 189

第二节　战乱的五代十国时代
　　　　以"圣地"为目标的日本巡礼僧 / 202

第三节　宋朝统一中国
　　　　国家间交往的终结 / 217


结　尾　历史事实是什么？
　　　　"外交"与遣隋使 / 223


后　记 / 233

参考文献 / 237

古代中日关系史·关系年表 / 249

# 古代中日关系史关联天皇系图（标 * 为女天皇）

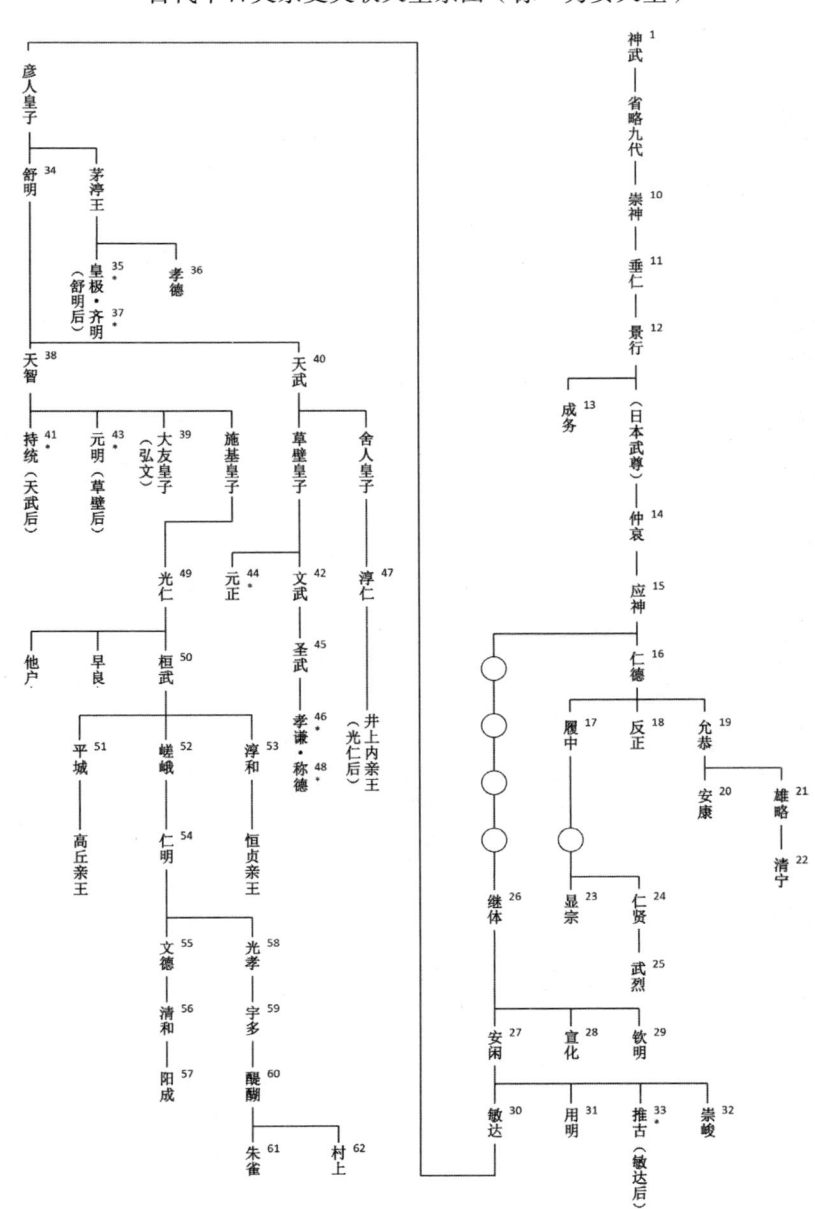

神武 1 — 省略九代 — 崇神 10 — 垂仁 11 — 景行 12

景行 — 成务 13
景行 —（日本武尊）— 仲哀 14 — 应神 15 — 仁德 16

仁德 — 履中 17 — 市边押磐皇子 — 显宗 23 / 仁贤 24 — 武烈 25
仁德 — 反正 18
仁德 — 允恭 19 — 安康 20 / 雄略 21 — 清宁 22

继体 26 — 安闲 27 / 宣化 28 / 钦明 29
钦明 — 敏达 30 / 用明 31 / 推古 33*（敏达后）/ 崇峻 32

彦人皇子 — 舒明 34 / 茅渟王
茅渟王 — 皇极·齐明 35*37*（舒明后）/ 孝德 36

舒明 — 天智 38 / 天武 40

天智 — 持统 41*（天武后）/ 元明 43*（草壁后）/ 大友皇子 39（弘文）/ 施基皇子
施基皇子 — 光仁 49

天武 — 草壁皇子 42 / 舍人皇子 47
草壁皇子 — 文武 42 / 元正 44*
文武 — 圣武 45 — 孝谦·称德 46*48*
舍人皇子 — 淳仁 47
光仁 —（井上内亲王 光仁后）

光仁 — 他户 / 早良 / 桓武 50
桓武 — 平城 51 / 嵯峨 52 / 淳和 53
平城 — 高丘亲王
嵯峨 — 仁明 54
淳和 — 恒贞亲王
仁明 — 文德 55 / 光孝 58
文德 — 清和 56 — 阳成 57
光孝 — 宇多 59 — 醍醐 60 — 朱雀 61 / 村上 62

第一章

## 倭五王的时代

"治天下大王"对中国南朝的交涉

第一节

# 5世纪的刘宋想要什么?

## 王朝不断更迭的中国

中国史书记载,5世纪时,赞、珍、济、兴、武五个倭国王向中国淮河以南江南地区的王朝派遣了使者,史称"倭五王"。他们对中国的交涉活动起于421年。为了了解他们开启交涉的背景,我们首先要梳理一下当时的中国处于怎样的状态。

我们稍稍回顾此前的历史。东汉灭亡后,中国经历了近半个世纪的混乱,之后由司马氏建立的晋朝(西晋:266—316年;东晋:317—420年)完成了统一。喜欢《三国志》的读者一定知道,司马氏一族原本侍奉魏国的曹操,在曹操死后,到了266年,司马炎接受曹操之孙禅让,建立了晋朝。

晋朝在日本并不被大众所熟知。其中一个原因是，晋朝并不像三国时代那样，有着许多引人入胜的、充满跌宕起伏的人物的故事，另一个原因则是，在开国皇帝司马炎死后，晋朝很快爆发了皇位继承之争，国力因此衰弱。

趁着晋朝皇室内斗不断之际，非汉族各集团逐渐积蓄力量。在各少数民族要求独立的压力下，晋朝迅速分裂，其北部领土，也就是华北落入了各游牧民族手中。自此以后，各少数民族集团在淮河以北的华北一带各自建立政权，并经历了融合与分裂。

另一方面，晋朝的残存力量在淮河以南一带集结，于317年定都建康（现南京），虽然领土面积大幅度缩小，但得以存续。在统一整个中国的年代，晋朝的首都在洛阳。建康在洛阳的东边，因此中国历史把定都洛阳的时期称作西晋，定都建康的时期称作东晋。

成书于唐初的《晋书》（讲述晋朝的历史书）记载，东晋时期的413年发生过"倭国献方物"一事。而同样成书于唐初的《梁书》（讲述梁朝的历史书）以及综合宋、南齐、梁、陈四朝历史的《南史》都记载了倭王赞曾派遣使者出使东晋。

然而《晋书》本纪部分记载此次倭国使者是和高句丽使者同时入朝的。成书于北宋的类书《太平御览》引用《晋起居注》（起居注是一种由在皇帝身旁侍奉的官员书写，记录皇帝日常言行的书籍）的内容，里面提到倭国献上了高句丽的特产貂皮和人参。当时高句丽与倭国处于敌对状态，再加上只有高句丽王获得了东晋册封的官爵，可见413年的使者并非倭国王所派遣，而是高句丽假冒的。

东晋于420年灭亡。高句丽假冒倭国使者时已经是王朝的末年，国家的实权不在皇帝，而是在权臣刘裕手中。

刘裕本来是东晋的将军，他在内战以及对华北少数民族的战争中崭露头角。在当时的东晋，贵族拥有极大权力，出身卑微的刘裕在统治阶级中是特殊的人物。410年，刘裕攻灭了割据山东半岛的南燕王朝，这是刘裕全面掌握东晋政权的决定性标志。上面提到的册封高句丽王一事就发生在伐燕的三年之后。

刘裕的功绩使得山东半岛纳入了东晋版图，这件事给刚刚从后燕（后燕的前身前燕曾把官爵册封给高句丽）手中夺取了辽东半岛的高句丽带来了心理上的冲击。刘裕的开疆拓土促使同样在扩大领土的高句丽向东晋遣使。最终，高句丽认新近控制山东半岛的东晋为宗主国，向东晋朝贡。"朝贡"一词的"朝"意为拜谒皇帝，"贡"意为献上贡品。东晋接受了高句丽的政策转变，按照前燕在355年册封高句丽王的官爵，重新册封了高句丽王。通过册封,高句丽王成为东晋的"外臣"（海外之臣）。

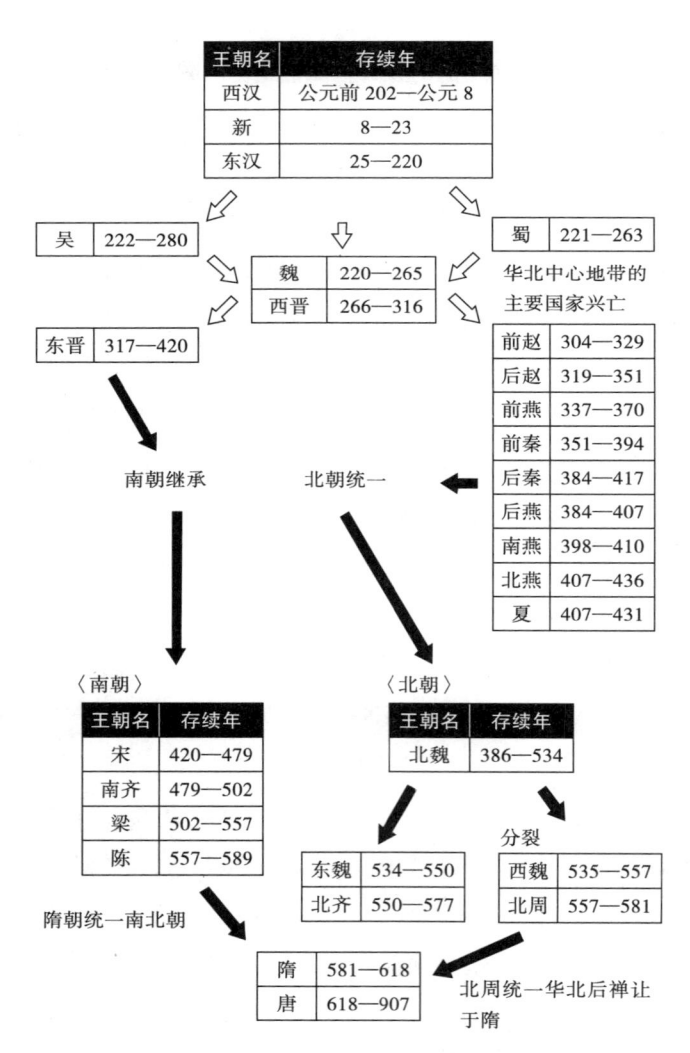

| 王朝名 | 存续年 |
| --- | --- |
| 西汉 | 公元前 202—公元 8 |
| 新 | 8—23 |
| 东汉 | 25—220 |

| | |
| --- | --- |
| 吴 | 222—280 |

| | |
| --- | --- |
| 魏 | 220—265 |
| 西晋 | 266—316 |

| | |
| --- | --- |
| 蜀 | 221—263 |

华北中心地带的主要国家兴亡

| | |
| --- | --- |
| 东晋 | 317—420 |

| | |
| --- | --- |
| 前赵 | 304—329 |
| 后赵 | 319—351 |
| 前燕 | 337—370 |
| 前秦 | 351—394 |
| 后秦 | 384—417 |
| 后燕 | 384—407 |
| 南燕 | 398—410 |
| 北燕 | 407—436 |
| 夏 | 407—431 |

南朝继承　　北朝统一

〈南朝〉

| 王朝名 | 存续年 |
| --- | --- |
| 宋 | 420—479 |
| 南齐 | 479—502 |
| 梁 | 502—557 |
| 陈 | 557—589 |

〈北朝〉

| 王朝名 | 存续年 |
| --- | --- |
| 北魏 | 386—534 |

分裂

| | |
| --- | --- |
| 东魏 | 534—550 |
| 北齐 | 550—577 |

| | |
| --- | --- |
| 西魏 | 535—557 |
| 北周 | 557—581 |

隋朝统一南北朝

| | |
| --- | --- |
| 隋 | 581—618 |
| 唐 | 618—907 |

北周统一华北后禅让于隋

图表 1-1　中国王朝交替表（公元前 3 世纪末—公元 10 世纪初）

七年后的420年，刘裕接受东晋末代皇帝恭帝（419—420年在位）的禅让，即位为皇帝，定都建康。刘裕当时58岁（本书中统一用虚岁），他的谥号是武帝（420—422年在位）。至此，迁都至南方后保留下来的东晋灭亡，新王朝宋朝建立。

## 宋朝建立与册封诸国

刘裕即位后，首先封东晋的末代皇帝为零陵王，追尊自己的父母为皇帝、皇太后，并给建国功臣封了爵。次月，刘裕又同时提升了周边诸国国王、统治者的官职。

①征西大将军、开府仪同三司杨盛 → 车骑大将军

②镇西将军李歆 → 征西将军

③平西将军乞伏炽磐 → 安西大将军

④征东将军、高句骊王高琏 → 征东大将军

⑤镇东将军、百济王扶余映 → 镇东大将军

其中，①的杨盛是氐族地方政权仇池的统治者，领地在今甘肃省南部；②的李歆是汉族地方政权西凉的统治者，其政权以敦煌为据点；③的乞伏炽磐是西秦的统治者，其领土在今

天的甘肃省和青海省一带；④、⑤则是朝鲜半岛的高句丽和百济的国王。他们在东晋末年都获得了东晋册封的官爵（①在407年，②在418年，③在416年，④在413年，⑤在416年）。刚刚即位的刘裕把恩典推及各国首领，一下子提升了西域及朝鲜半岛各国、地方政权统治者的头衔。

中国的皇帝自古有把"王""公""侯"等爵位授予国内贵族、功臣的做法。到了汉代，爵位的授予对象拓展到国外，周边各国的王直接被册封为本国的王，另外还会获得将军号等官职。

获得爵位与将军号的各国国王在名义上与皇帝缔结了君臣关系。对外关系史把这种中国确认各国国王为本国的王的做法称作"册封"。其中"册"指的是颁发给各国国王的任命状，"封"指用堆土的方式确定的领土边界，而"册封"连起来则指任命该地区的君主。皇帝通过册封提高自己在国内外的权威和影响力，而另一方面各国的国王则巩固了自己在国内外的地位。另外，获得册封的诸国在朝贡时会得到中国的下赐，这些下赐的物品对它们来说也颇有吸引力。不过，虽然获得册封的诸国有朝贡的义务，但并不是说朝贡了就一定会获得册封（西嶋定生）。

要注意的是，册封并非古代史书中出现的词语，而是在历史著作中使用并被大众广泛使用的词，本书也沿用该词。另外，各国君主获得比原来更高级的官职的时候，史书称之为"进号",本书也使用这种说法。

我们继续说420年的册封。

刘裕在即位的第二个月同时给众多君主进号,当时各国的国王、统治者是否事先已经得知建国的安排,并算好时间派遣了使者?还是各国并没有派遣使者,只是即位的刘裕单方面给各国进号呢?从当年刘裕给高句丽、百济颁发的诏书看来,应该是后一种情况。

> 使持节、都督营州诸军事、征东将军、高句骊王、乐浪公琏,使持节、督百济诸军事、镇东将军、百济王映,并执义海外,远修贡职。惟新告始,宜荷国休,琏可征东大将军,映可镇东大将军。持节、都督、王、公如故。(《宋书·夷蛮传·高句骊国条》)

刘裕在诏书中把新王朝的建立告知高句丽与百济,并说应该把恩典推及他们。因此,高句丽王在原本的官爵之上获赐征东大将军,百济王在原本的官爵之上获赐镇东大将军。可见,王朝的建立与进号都是由宋朝派遣的使者同时告诉高句丽与百济的。

通过同时进号,宋朝表明自己将继承、发展东晋与周边诸国、诸势力建立的关系。而从诸国看来,进号是宋朝单方面的行为。获得进号的国王、统治者中,应该也有一部分会对宋朝的对外关系政策感到困惑。

另一方面,倭国此前一直没有与中国建立长期的交涉关系,因此宋朝立国的时候并没有把它考虑在内。不过,一向重视在朝鲜半岛权益的倭国大概对新王朝宋朝的对外政策颇感兴趣,于是向宋朝派遣了最初的使者。

## 对几位倭国王的册封

倭王赞在421年,也就是宋朝建国的第二年,向宋朝派遣了使者。

刘裕接见了使者后,对倭王赞进行了"除授"。"除"指的是解除原来的头衔,"授"则指授予新的头衔。不过实际使用中淡化"除"的意义,对第一次获得官爵的对象也使用"除授"一词。我们推测赞应该获得了倭国王的头衔,但是不清楚其他官爵的情况。

倭王赞为何在这个时候派遣使者呢?这并不是因为倭国的情报网已经扩展到了中国。宋朝建国的消息,是通过朝鲜半岛传到倭国的。

通过421年获得宋朝的册封,倭国王垄断了与中国进行交涉活动的权力,这是因为倭国的其他势力不被允许向皇帝派遣使者，他们只能成为倭国王的臣下。这样的结果则是，倭国王独占了通过交涉活动获得的各种物品。图表1-2整理了倭五王向中国遣使的概况，这些信息都出自中国史书。

倭王赞死后，其弟倭王珍于438年向宋朝遣使。当时宋武帝已经去世，统治宋朝的是武帝第三子文帝（424—453年在位）。从倭王珍起，倭国王在将军号和倭国王以外，还请求获得"使持节"和"都督"的头衔。

关于这些头衔的含义，下文将参考坂元义种的研究加以介绍。

"使持节"的意思是从皇帝那里获得了"节"，那是一种用毛装饰的长柄形信物。拥有"节"意味着皇帝把部分权力分予此人，他可以不向皇帝报告就处死部下。获得"节"的人也分三个等级，从高至低分别是"使持节""持节""假节"。倭王济获得的是最高的"使持节"，有权处死郡的长官太守。

"都督"是用来明确军事权力上下关系的头衔。这一类头衔从高到低分别是"都督""监""督"。倭王珍请求获得倭、百济、新罗、任那、秦韩、慕韩六国的军事指挥权，但是宋朝并没有授予珍"都督"的头衔。要到第三代倭王济的时候，倭王才获得了"都督"头衔和相应的军事指挥权。

倭王济通过都督头衔获得了倭、新罗、任那、加罗、秦韩、慕韩六国的军事指挥权。宋朝没有答应赐予前王倭王珍请求过

**图表1-2 倭五王向宋、南齐遣使概况（421—479年）**

| 年代 | 倭王 | 史书中遣使的概况 | 出处 |
|---|---|---|---|
| 421 | 赞 | 诏倭赞，加除授 | 《宋书·夷蛮传》 |
| 425 | 赞 | 遣司马曹达奉表献方物 | 《宋书·夷蛮传》 |
| 430 | — | 遣使献方物 | 《宋书·本纪》 |
| 438 | 珍 | 赞死，弟珍立，遣使贡献。自称使持节、都督倭百济新罗任那秦韩慕韩六国诸军事、安东大将军、倭国王。表求除正，诏除安东将军、倭国王。珍又求除正倭隋等十三人平西、征虏、冠军、辅国将军号，诏并听 | 《宋书·本纪》《宋书·夷蛮传》 |
| 443 | 济 | 济遣使奉献，复以为安东将军、倭国王 | 《宋书·夷蛮传》 |
| 451 | 济 | 加使持节、都督倭新罗任那加罗秦韩慕韩六国诸军事，安东将军如故。并除所上二十三人军、郡 | 《宋书·本纪》《宋书·夷蛮传》 |
| 460 | — | 遣使献方物 | 《宋书·本纪》 |
| 462 | 兴 | 以倭国王世子兴为安东将军<br>可安东将军、倭国王 | 《宋书·本纪》《宋书·夷蛮传》 |
| 477 | — | 遣使献方物 | 《宋书·本纪》 |
| 478 | 武 | 兴死，弟武立，自称使持节、都督倭百济新罗任那加罗秦韩慕韩七国诸军事、安东大将军、倭国王<br>遣使上表。……诏除武使持节、都督倭新罗任那加罗秦韩慕韩六国诸军事、安东大将军、倭王 | 《宋书·本纪》《宋书·夷蛮传》 |
| 479 | 武 | 进新除使持节、都督倭新罗任那加罗秦韩[慕韩]六国诸军事、安东大将军、倭王武号为镇东大将军 | 《南齐书·蛮夷传》《职贡图》 |

注：421—478年都是向宋朝遣使，479年是向南齐遣使。在"倭王"一栏中，"—"表明没有记载倭王的名字。本表乃笔者制作。

的百济的指挥权，而代之以加罗，这是因为百济的都督权已经授予了百济王。无论如何，皇帝正式把除百济以外的朝鲜半岛南部的军事指挥权授予了倭国王。也就是说，自此以后倭国王在朝鲜半岛展开的军事行动都是获得中国皇帝认可的。

从倭王珍开始，倭国王还请求中国对其臣下授予官爵。倭王珍为13名倭人请求将军号并得到肯定的答复。倭国王为臣下请求头衔的目的是要借助皇帝的权威强化自身的权力。当时倭国的向心力还不强，这种做法可以构筑出"皇帝—倭国王—倭国王的臣下"这样的上下关系。授予将军号的同时，中国大概还会下赐与将军号相对应的服饰、武具。通过这样的方式建立起上下关系，对倭人而言必然颇有益处。

当然，授予官爵的皇帝一方也有得益。授予倭人的官职是一种来自皇帝的恩泽。倭国内部的名分关系取决于皇帝的恩泽，这充分说明皇帝有德，连周边国家都受其教化。

上文提到，宋朝的开国皇帝刘裕出身寒微。出身是他权威的一个弱点，而且他的子孙也继承了这项弱点。对宋朝皇帝而言，提高自身权威是重要的政治任务，他们欢迎任何能够在国内外宣扬自己威德的事情。

倭国王在451年又为23名倭人请求将军号与郡太守的官职。458年，百济又为臣下请求官爵。在此之前，百济王并没有为臣下请求过头衔，这可能说明百济在效仿倭王珍、济的成功案例。

倭王济死后,倭王兴即位并派遣了使者。当时是462年,统治宋朝的是第四代皇帝宋孝武帝(453—464年在位)。孝武帝颁给倭国王的诏书中称兴为"倭王世子"(《宋书·夷蛮传·倭国条》16),让兴继承先王的爵位和头衔。由此可见,在倭王兴的时代,倭国得到宋朝的认可,成为世代藩屏。

## 成为宋朝的藩屏

历代倭国王也把自身看作宋朝的藩屏。以下引用的是倭王兴的弟弟和继承者倭王武在478年的上表文。表是臣下写给主君的文书。

> 封国偏远,作藩于外,自昔祖祢,躬擐甲胄,跋涉山川,不遑宁处。东征毛人五十五国,西服众夷六十六国,渡平海北九十五国。王道融泰,廓土遐畿,累叶朝宗,不愆于岁。臣虽下愚,忝胤先绪,驱率所统,归崇天极,道遥百济,装治船舫,而句骊无道,图欲见吞,掠抄边隶,虔刘不已,每致稽滞,以失良风。虽曰进路,或通或不。臣亡考济实忿寇雠,壅塞天路,控弦百万,义声感激,方欲大举,奄丧父兄,使垂成之功,不获一篑。居在谅闇,不动兵甲,

是以偃息未捷。至今欲练甲治兵，申父兄之志，义士虎贲，文武效功，白刃交前，亦所不顾。若以帝德覆载，摧此强敌，克靖方难，无替前功。窃自假开府仪同三司，其余咸各假授，以劝忠节。（《宋书·夷蛮传·倭国条》）

倭王武首先夸耀自己历代向宋朝朝贡，并攻灭了日本列岛东西以及海北（朝鲜半岛）等地不顺从宋朝的各国。然后说自己即位以来一直想要朝贡，但一直都遭到高句丽的阻碍。他的父亲、兄长在位时就与高句丽对立，也想讨伐高句丽，但是都没能实现就去世了。他认为现在丧期已过，希望能以宋朝的威德为后盾，出兵讨伐高句丽，并以此为由希望获得开府仪同三司等官爵。

## 渡来人所写的倭国上表文

上表文基本由四字句构成，而且引用了很多典故，是很工整的汉文。此外，表中的语句体现了以皇帝为中心的天下观，又提到自己是因为父兄的丧期才没有兴兵，这些都符合中国儒家的观念。很早就有人指出，在倭国能够写出如此优秀汉文的，应该是从海外迁入倭国的渡来人。

下面引用的是制作于5世纪后半叶的熊本县江田船山古

坟出土大刀上的铭文。这是一把铁制的刀，上面用银象嵌的工艺刻着75个字。

　　　　治天下获□□□卤大王世，奉事典曹人名无□（利？）弖，八月中，用大铁釜，并四尺廷刀。八十练，□（九？）十振，三寸上好□（刊？）刀。服此刀者，长寿，子孙洋洋，得□恩也，不失其所统。作刀者名伊太□（和？），书者张安也。

"获加多支卤大王"指的是第21代雄略天皇，他在《日本书纪》中的和风谥号是"大泊濑幼武天皇"，在《古事记》的和风谥号是"大长谷若建命"，两者的发音都是"OOHASE NO WAKATAKERU NO SUMERAMIKOTO"。因为铭文中所说宫的位置与《记纪》记载的一致，所以可以确定获加多支卤大王就是雄略天皇。《日本书纪》里记载雄略天皇时向吴（中国南方）派遣使者、支援百济与高句丽对立，以及出兵东国扩张领土，这些都与上文提到的上表文的内容相符合。

铭文中提到获加多支卤大王、大王的典曹人无利弖和制作刀的伊太和。这三个人名都是用汉字表达日语发音，也没有区分姓氏和名字。与此相对的是书写铭文的张安，他有姓有名，与无利弖、伊太和背景不同，他是渡来人。

无利弖是在大王身边侍奉的典曹人，即文官，但是他连铭文这样简单的文章都写不出来。和铭文相比，武的上表文中涉及的知识高深得多，更加不可能出自倭人之手。由此可见，上表文和铭文一样，都是渡来人所作。既然渡来人可以为倭国提供知识，按照儒家观念制作上表文，那他们必然也可以帮助倭国收集有关中国和朝鲜半岛的情报。

倭王武的上表文和《晋书》中记载的上表文有许多相似之处。西晋灭亡之时，不少中国人移民到朝鲜半岛。倭王武的上表文可能就是这些移民、他们的子孙所写，或者是跟从他们学习汉字文化的人所写的（田中史生）。通过这些移民团体，东亚的各个区域开始联结起来，发展出共通的土壤。

倭王武在478年再度派遣使者。当时宋朝在位的是最后一代皇帝宋顺帝（477—479年在位）。顺帝于477年在将军萧道成的拥立下登基。在倭国使者访问的次年，顺帝禅位于萧道成，宋朝灭亡。萧道成创立的王朝国号为齐，但是后来在华北又建立了一个齐国，历史上为了区分，把北方的称作北齐（550—577年），南方的称作南齐（479—502年）。

倭国使者面见顺帝前不久，萧道成成为宋朝16个州的都督。《宋书》第35卷到38卷《州郡》部分记载宋朝有28个州，也就是说萧道成当时掌握了宋朝近六成领土的军事指挥权。倭国入使的时候已经是禅让前夕，倭国使者进入首都时，自然也会切身感受到王朝更替前那种紧张的氛围。

第二节

## 对倭国人的印象

梁《职贡图》透露的信息

## 半个世纪以来朝贡的结果

479年四月,萧道成接受宋顺帝的禅让,正式登基为皇帝,这标志着宋朝的灭亡、南齐的开始。同年,萧道成将倭王武任命为使持节、都督倭新罗任那加罗秦韩慕韩六国诸军事、镇东大将军、倭王。那么,这次的进号是倭王在萧道成登基后马上遣使的结果,还是萧道成在倭王没有朝贡的情况下就给他册封、除授呢?

在过去,学者更赞同后一种可能性。这是因为《日本书纪》记载雄略天皇死于479年八月,要在倭王武还在世的时候把萧道成即位的消息传达到倭国,并准备、派遣使者,在时间上是赶不上的。

然而最近发现的《职贡图》显示，可能确实存在一位与萧道成见过面的倭国使者。

《职贡图》是梁朝（502—557年）为纪念梁武帝（502—549年在位）登基四十周年而制作的图画，画里描绘了外国使节进贡的场景。梁武帝灭南齐建立梁朝，在位四十余年。在梁朝以前，统治江南一带的宋朝和南齐都因为帝室内部的争斗而频繁更换皇帝，而梁武帝治下的江南地区则比较安定，是江南王朝最兴盛的时代。制作《职贡图》的目的正是为梁武帝歌功颂德。

《职贡图》的内容包含描绘33国使者相貌的"使者图"和记载各国位置、风俗以及和中国历朝交涉活动的情报的"题记"。

《职贡图》真迹已经失传，现存三份摹本，制作的年代分别是南唐（10世纪）、北宋（11世纪）和明朝（具体时代不明）。只有北宋的摹本里有题记，另外两份都没有题记。真迹应该是有使者图和题记的，但南唐和明代的摹本都只临摹了使者图。

北宋摹本在清末动乱的时候被带出紫禁城，之后部分被损坏，题记的后半部分缺失，有关倭国使者的题记也在其中。

然而到了2011年，我们在一本清末写成的书籍中找到一个在1739年看过《职贡图》的人所抄写的题记，里面就有题记的佚文。这部分佚文补充了北宋摹本中缺掉的7国使者的题记，具有很高的史料价值。倭国使者图的题记就在其中，里面记载了倭国在479年派遣使者的事情。

此前，学者一直认为宋朝末年的478年是倭王最后一次遣使。但自从题记佚文被发现，倭王武的使者曾在南齐刚建国的时候谒见过南齐皇帝的可能性出现了。其实，萧道成既然已经打算马上安排禅让了，他完全可以在倭国使者给宋朝末代皇帝朝贡的时候让使者停留，在自己登基后重新接见使者，并册封倭王武。然而在研究《职贡图》题记佚文后，倭国在南齐初年也派遣过使者的说法变得更有说服力了（气贺泽保规）。

无论如何，在这次改朝换代之时，倭王与高句丽王、百济王等人都成为同时进号的对象。在经历半个世纪的朝贡后，倭国终于得到认可，成为中国世界秩序的一员，是教化所及之国。

## 《职贡图》的倭国使者图

《职贡图》是一则相当稀有的史料，这里要先解释其意义。

对日本学界而言，首先关注的是使者图。

在2011年发现题记佚文之前，学界最早注意到《职贡图》摹本是在1960年。当时中国美术研究者金维诺发现，原本以为已经失传的《职贡图》其实就收藏在南京博物院。消息传到日本后，研究东洋史学的权威榎一雄发表了一连串优秀的

图表1-3 倭国使者图（《职贡图》），从左到右分别是南唐（10世纪）、北宋（11世纪）、明代（时代不明）摹本中的倭国使者

研究。榎一雄的研究主要探讨《职贡图》在中国史上的意义，但《职贡图》中出现的倭国使者则更受到日本史学界的关注。因为这是唯一有可能描绘了6世纪中叶倭国人长相的史料。图表1-3截取了《职贡图》中的倭国使者图（缩放比例有区别）。

值得注意的是，无论是描述梁朝一代断代史的《梁书》，还是综合南朝四个朝代历史的《南史》都没有提及倭国向梁朝朝贡。另外，使者的衣着与同时代的土俑以及时代稍晚一点的中宫寺藏天寿国绣帐（制作于飞鸟时代）中的形象都有很大出入。与高句丽、百济、新罗的使者相比，倭国使者的身体有很多暴露在外的地方，以及其他看上去不符合中国观念里"文明"的特点。相对而言，《三国志·魏志·东夷传·倭人条》中描述的倭人服饰与《职贡图》的描绘更加接近。

日本学界里出现了对立的两派说法。第一派认为倭国使者图是以《三国志·倭人条》的记载为基础想象出来的倭人形象，另一派则认为这是实际到达南朝的倭人（但非使者）的画像。

## 追求真实的使者图——虏国使者图

如果《职贡图》写实地描绘了所有外国使者的话，那倭国使者自然也反映了真实的倭国人的相貌。相反，如果其中有的使者的形象是想象出来的，那我们也就可以合理推测倭国使者图也是基于想象的。

先说结论。使者图里既有追求真实的画作，也有基于书籍等材料想象出来的形象。

追求真实的使者图以虏国（指占据华北地区的北魏）为代表。

在南唐以及明代摹本中，最开头部分的是一位穿着阔袍大袖、左右有随从跟随的使者。北宋摹本的开头部分已经损坏，因此没有这位使者的图像，但他出现在另外两张摹本的开头部

图表1-4 虏国（北魏）使者图（《职贡图》），左方为南唐摹本，右方为明代摹本

分。画家把他画在第一位，可见对梁朝而言，他的地位比其他使者更加重要。

韩国史专家深津行德指出，明代摹本中，中央人物佩戴着以兽尾为装饰的冠，在北魏、北齐将军级人物的墓葬的线刻图像中也出现了类似的冠饰。由此他认为中央人物就是"虏国"，也就是北虏（华北）王朝的人物。这是无可反驳的。

另外，研究南北朝对外关系史的堀内淳一认为，在保留了颜色的明代摹本中，可以确认中央以及左边人物所穿的朱色衣服正是南北朝使者往来所穿的常服，以貂尾装饰的冠是武官的正装，而右方人物所穿的白色衣服以及用来扎住头发的布巾正是儒者的服装。

华北王朝派遣三位使者访问梁朝的事例只有537年一次，其中就有一位是精通儒学的李业兴。李业兴在梁朝期间曾与梁武帝及其近臣讨论儒学。堀内淳一认为，穿白色衣服的人物正是李业兴。虏国使者图正描绘了537年的使者，而且相当注重真实性，连色彩都符合真实情况。

## 基于想象创作的使者图——北天竺使者图

与北魏使者图正好相反的是北天竺的使者图（图表1-5）。天竺是印度的古称。北天竺使者图在北宋摹本里也是缺失的。

北天竺使者上半身赤裸。明代摹本中的北天竺使者穿着及膝的红色裤裙状衣服（也有可能是穿过双腿的腰布），南唐摹本中的使者则裹着及膝的腰布。另外还有条帛以腹部为中心用复杂的方式缠绕着背部以及双手手肘。

天竺可以按照地理分为东、南、西、北、中五个区域，北天竺就是其中的北部。具体而言则是兴都库什山以南，也就是现在印度西北部一带。北天竺曾在504年向梁朝派遣使者，之后再也没有交涉活动。另外，504年的使者到底来自北天竺地区的哪个国家尚不清楚。

在北天竺向梁朝朝贡的6世纪初，统治北天竺区域的是

图表1-5 北天竺使者图（《职贡图》），左方是南唐摹本，右方是明代摹本

游牧民族建立的嚈哒帝国。我们现在对嚈哒服饰还有许多不了解的地方，但是可以确认他们穿立襟、筒袖的上衣和长裤。他们喜欢把上衣的衣襟往外翻，让别人看见自己衣服里子和底衫的布料。这种穿法遂成为最新的潮流，在该国内外流传开来。

图表1-6是北宋摹本中的滑国（嚈哒）使者图。使者穿

图表1-6 滑国(嚈哒)使者图(《职贡图》),北宋摹本

着长袖上衣,领口和下摆的布料与衣服主体不同,还穿戴长裤、皮带、靴子。上衣的衣领向左右敞开。

北天竺使者那种复杂的条帛缠绕方法可能来源于受印度文化影响的艺术品。我们大致可以认为北天竺使者图是基于固有印象的创作。画师可能是通过经典著作和艺术品了解天竺的,他不清楚北天竺地区的气候,以为这种裸露上半身、使用布帛的固定衣服就是当地人的穿衣风格。

虽然梁朝与天竺之间已经极少有交涉活动，但朝野内外却非常信奉佛教，对释迦的故乡天竺的兴趣也比前朝更高。可能正是因为关系疏远的现实与对天竺憧憬的反差，产生了源自印象的天竺使者图。

梁朝与北魏之间存在军事上的对立，对北天竺则是因为其佛教兴隆而憧憬。因此前者的使者图反映了往来使者的真实相貌，而后者的使者图则产生于与信仰紧密关联的形象（可能是佛典、佛像、佛像画等）。

## 倭国使者图与印象化

我们回到倭国使者图的话题上来。

《职贡图》中的倭国使者肩上披着一块横向的布，在胸前打结，腰上也缠着一块布。明代摹本中的布料是白布，上面有浅蓝色圆形围绕着红色点的花纹，而在北宋摹本里，上身的布是茶褐色，下身的布是白色。腰带在腹部正前方打结。

在明代摹本里，使者的脖子、手臂、小腿缠着浅蓝色的布，用黄色细布扎起来。北宋摹本里则是脖子裹着白布，手臂和小腿裹着茶褐色的布。南唐摹本里则出现了类似文身的纹样。

三个摹本的使者头上都裹着白色头巾，但是明代摹本的头巾上还有浅蓝色和黄色的边缘。

以下摘录倭国使者图附带的题记:

> 倭国在带方东南大海中。依山岛居。自带方偱海水乍南下东对其北岸。历三十余国,可万余里。倭王所止(?),大拢(玹?)在会稽东。气暖地温,出真珠、青玉。无牛、马、虎、豹、羊、鹊。(男子皆黥)面文身,以木棉帖首。衣横幅无缝但结(束相连)。("男子皆黥""束相连"在北宋摹本中破损,按《题记逸文》补全。)

(北宋本《职贡图》题记·倭国条)

学者很早就提出,这篇题记与《三国志·魏书·倭人条》的记载极其相似,使者图也是对这段文字的忠实再现。

我们在《职贡图》一些使者图中找到了写实的痕迹,也有的使者来自与梁朝疏于交往的国家,其图像是基于佛典、佛教艺术品中形象的创作。在历史文献中没有倭国向梁朝朝贡的记录,倭国使者图可能也是基于文献形象的创作,而不是对当时倭人的真实反映。

第三节

## "天下"是什么？

中华思想在倭国萌芽了吗？

## 广义的天下、狭义的天下

我们继续讲倭五王停止遣使的话题。

梁朝502年建国的时候，倭国是同时进号的一员，这是因为中国王朝将倭国视作历代的藩屏。《职贡图》中包含倭国使者这一事实也说明了这一点。然而现实却是，倭国一直没有向梁朝遣使。

从倭王武最后一次遣使，到遣隋使之间的约一百年内，倭国与中国在国家层面的来往断绝了。在半个多世纪里，倭五王多次向中国派遣使者，为什么到这个时候突然中断了呢？

一个有力的说法是，当时的倭国产生了中华思想，也就是认为自己是世界的中心。支持这种说法的证据是上文提到的江田船山古坟出土大刀铭文，以及下文引用的埼玉县稻荷山古坟出土铁剑上的铭文。后者是在一把铁制长剑的正反两面上，用金象嵌工艺刻上的115字铭文。

> 辛亥年七月中记。乎获居臣，上祖名意富比垝，其儿多加利足尼，其儿名弖已加利获居，其儿名多加披次获居，其儿名多沙鬼获居，其儿名半弖比，其儿名加差披余，其儿名乎获居臣。世世为杖刀人首，奉事来至今。获加多支卤大王寺，在斯鬼宫时，吾左治天下。令作此百炼利刀，记吾奉事根原也。

这篇铭文的内容是夸耀物主侍奉获加多支卤大王，也就是雄略天皇的经历。从文章中可以了解到一些倭国上层统治以及社会的状况，还有不少有趣的信息。对于倭五王对外关系的研究而言，值得注意的是铁制大刀和铁剑上都出现了获加多支卤大王"治天下"这几个字。

获加多支卤大王的"治天下"到底是什么意思呢？这里首先要梳理"天下"的意义。

学者们对"天下"这个概念主要有两种理解，这两种理解之间存在较大区别。

第一种观点认为，"天下"是一种超越民族与地域，以同心圆的形式向外扩张的世界观、世界秩序或帝国概念（以下称之为"广义天下"）。

第二种观点认为，"天下"指的是被四个大海围绕着的中国的封闭空间，是一个由强力政权统治的"国民国家"（以下称之为"狭义天下"）。

一直以来人们对天下的理解都是前者。也就是说，5世纪的日本产生了以自己为中心，以同心圆的方式向外扩展的帝国观念。但与此同时，倭王武的上表文中又展现出以刘宋皇帝为天下中心的认识。

以前的研究认为，5世纪的倭国本来是认同宋朝为天下中心的。但之后倭国逐渐形成了以自身为天下中心的天下观，于是停止向中国朝贡，从册封体系中脱离出去，从而脱离了以中国为中心的天下。简言之，这种观点认为倭国在5世纪时产生了以自身为中心，以同心圆的形式向外扩展的帝国式世界观。

顺便一提，对后文提到的遣隋使的评价，正是这种"广义天下"立场的延伸。既然倭国在5世纪产生了帝国式的世界观，从中国的册封体系中脱离，所以7世纪的倭国自然不会对隋朝朝贡并执臣下之礼。从这种倭国在倭五王时代，也就是5世纪时就产生了帝国式世界观的理论推导，经过一百多年后，倭国终于对隋朝提出了对等关系的主张。

## 真正的"天下"是什么？

然而，我们真的可以仅凭铭文中出现了"天下"一词就断定以倭王为首的倭国统治阶级把倭王的统治看作"天下"，也就是帝国的概念吗？

正如上文所说，江田船山古坟出土大刀的铭文是渡来人创作的。获加多支卤大王手下的文官无利弖连铭文这种简单的文章都写不出来，可见获加多支卤大王身边的人对汉文也不会有很深刻的理解。以倭国统治阶级的教育程度，到底能不能支持他们理解中国传统的、儒家式的世界观，并应用在自己身上实在很成问题。因此，以"广义天下"为依据的成说实在难以让人信服。

上文介绍过广义天下和狭义天下。其实我们并未说这两种天下观哪一种是正确的，只是指出"天下"一词最起码有这两层含义而已。重要的是，比起后者而言，前者的实例其实相当少见。

渡边信一郎是对中国天下秩序研究做出过卓越贡献的学者。他以汉、唐两代史料为核心进行分析，得出的结论是，中国史书里所说的"天下"，基本上都是指朝廷能够通过户籍、地图等方法进行管理，有一套共同政策的实际统治区域（狭义天下），而超越了这个区域，包含中国与夷狄的广域世界（广义天下）则是少数。

虽然铭文创作的 5 世纪前后并不是渡边研究的时代，但"天下"一词指有效统治区域的这一结论依然适用。在 5 世纪前后的中国，"天下"一词除了偶尔被用作"世间"的同义词，基本上都指王朝的有效统治区域，也就是狭义的天下。

## 3—6世纪的天下概念

对"天下"的理解会导致我们推翻旧有成说，这里要再详细说明一下。

正如前文所说，"天下"一词指的是王朝的有效统治区域，因此当王朝的实际版图扩大、缩小的时候，天下也会随之扩大、缩小。我会结合史料说明这一问题。以下引用的史实发生于275—280 年前后，当时中国尚未统一，大臣对晋武帝（265—290 年在位）进言讨伐最后的割据势力吴国，这是当时进言的一部分：

> 蜀平之时，天下皆谓吴当并亡，自此来十三年，是谓一周，平定之期复在今日矣。……以一隅之吴，当天下之众，势分形散，所备皆急。（《晋书·羊祜传》）

文中第一次出现"天下"的语句提到，天下都赞成灭吴，那么作为讨伐对象的吴自然不是天下的一部分。第二个句子说要集中"天下"的兵力，组成平定吴国的晋军。显然，这里的天下也不包括吴国统治的区域。

那么，在280年吞并吴国之后又发生了怎样的改变呢？

> 武帝太康元年诏曰：江表初平，天下同其欢豫，王公卿士，各奉礼称庆。其于东堂小会设乐，使加于常。(《艺文类聚·晋起居注》卷39)

可见，这时候西晋的天下已经包括吴的故土在内了。

然而，吞并了蜀、吴的西晋的天下，到了王朝南迁、进入东晋以后，却大幅缩小了。

> 宜分遣黄、散若中书郎等偱行天下，观采得失，举善弹违，断截苟且，则人不敢为非矣。(《晋书·应詹传》)

这是东晋元帝（317—322年在位）时官员呈给皇帝的上疏中的一部分内容。文中把皇帝派官员巡视的地区，也就是东晋的实际统治区域称作"天下"。

在另外一些例子里，"天下"指的是王朝过去统一过的区域，而把现在的有效统治区域看作将来统一天下的基地。刘备的军师诸葛亮著名的"天下三分之计"正是此类的代表。在他的说法里，天下被分成三份，分别由蜀国、魏国、吴国统治，这表明他把汉朝这个过去的王朝的有效统治区域视作天下，认为这些地方本应由蜀国统一。

当然，广义天下出现的案例也不是完全没有。上文提到的《职贡图》描绘的就是包含了中华和夷狄的广义天下。

主持《职贡图》制作的萧绎所作的序文流传至今。序文中把梁朝称作中华，把东至倭国西至萨珊波斯的区域称作夷狄，把两者的结合称作梁武帝的"天下"。

就在《职贡图》创作的540年前后，长期统治华北地区的北魏（386—534年）分裂为东魏和西魏，这大大减轻了南朝受到的军事压力。与此同时，梁朝在梁武帝四十余年的统治下国力达到巅峰。这种强弱逆转增强了梁朝作为中华的自信，因此产生了描绘广义天下的《职贡图》。

不过，可以明确判断是广义天下的"天下"，在4—6世纪的史料中至今只发现了《职贡图》序文这一处而已。

因此，在倭国使用"天下"一词的5世纪前后，该词在中国主要指的是由王朝进行排他性统治的有效统治区域，或者过去是王朝的有效统治区域、现王朝认为有必要再次统一的区域。

值得注意的是，稻荷山古坟出土铁剑的铭文把雄略天皇统治的时代称作"大王寺在斯鬼宫时"。这种表达与六国史\*中经常出现的"某宫治天下天皇"的表达是相通的。研究日本古代史的镰田元一注意到两者的共通性，认为铭文中的"天下"指的是大王（天皇）所统治的领土，这也是以《日本书纪》为首的六国史，也就是日本古代的正史中"天下"一词的含义。他的说法无疑是卓见。

上文提到过的渡边信一郎还强调，日本虽然在8世纪时把新罗、渤海看作自己的"蕃国"，但当时的天下依然是"八大洲"，没有扩大到新罗和渤海。由此可见，倭国的"天下"从雄略天皇的时候一直到六国史的时代（平安时代中期），一直都是狭义的天下。

总而言之，在5世纪倭国在铭文中使用"天下"一词的时候，这个词语在中国主要表达特定的地区。而倭国铁剑、大刀铭文中的"天下"指的也是倭国实际统治的区域而已。

其次，当时倭国的统治者连铭文这种简单的汉文都无法创作，他们应该很难充分理解、体会复杂而高深的中华思想，并应用在自身的统治上，形成独自的天下观念。这也说明铭文

---

\* 指《日本书纪》《续日本纪》《日本后纪》《续日本后纪》《日本文德天皇实录》《日本三代实录》六部史书。

中的"天下"只能理解为倭王武的有效统治区域。

## 雄略天皇这一巨大的存在

那么，为何倭王武之后的倭国不再朝贡了呢？上文已经提到，以前的研究认为，当时的倭国发展出自己的天下观，因此停止了朝贡，也不再接受册封，从中国的天下体系中脱离出去。

然而，实际上此事与倭王权的内部混乱有关。

我们首先梳理一下当时倭国王权的动向。图表1-7整理了《日本书纪》《古事记》中记载的第10代崇神天皇（一般认为是确实存在的最早的天皇）到第21代雄略天皇的宫殿和陵墓。

可以看出，从崇神天皇起的3代都在大和盆地里建造宫殿和陵墓，但第15代应神天皇在他在位中期把宫殿迁移到难波，之后第18代反正天皇在河内建造宫殿，除了第20代的安康天皇，从应神天皇到雄略天皇的6代都把陵墓建造在河内。

现在学者普遍认为，当时的大和王权把势力从大和盆地延伸到河内，其原因是他们想要积极地参与交涉活动。

崇神天皇宫殿所在的矶城（SHIKI）与景行天皇宫殿所在的缠向（MAKIMUKU）其实是同一地点。《古事记》记载垂仁天皇的宫殿在师木（SHIKI），而在《日本书纪》中则写作缠向。

图表1-7 《古事记》《日本书纪》记载的宫殿及陵墓所在地（崇神天皇－雄略天皇）

| 代数 | 天皇 | 宫《古事记》 | 宫《日本书纪》 | 陵《古事记》 | 陵《日本书纪》 |
|---|---|---|---|---|---|
| 10 | 崇神 | 大和盆地 水垣宫 | 大和盆地 瑞篱宫 | 大和盆地 勾之冈 | 大和盆地 道上陵 |
| 11 | 垂仁 | 大和盆地 玉垣宫 | 大和盆地 珠城宫 | 大和盆地 御立野 | 大和盆地 伏见陵 |
| 12 | 景行 | 大和盆地 日代宫 | 大和盆地 日代宫 | 大和盆地 | 大和盆地 道上陵 |
| 13? | 成务 | 滋贺 穴穗宫 | — | 大和盆地 多他那美 | 大和盆地 盾列陵 |
| 14? | 仲哀 | 山口 丰浦宫 福冈 河志比宫 | 山口 丰浦宫 | 河内 惠贺长江 | 河内 长野陵 |
| 15 | 应神 | 大和盆地 明宫 难波 大隅宫 | 大和盆地 明宫 | 河内 惠贺袭伏冈 | — |
| 16 | 仁德 | 难波 高津宫 | 难波 高津宫 | 河内 耳原 | 河内 百舌鸟野陵 |
| 17 | 履中 | 大和盆地 若樱宫 | 大和盆地 稚樱宫 | 河内 | 河内 百舌鸟耳原陵 |
| 18 | 反正 | 河内 柴垣宫 | 河内 芝离宫 | 河内 毛受野 | 河内 耳原陵 |
| 19 | 允恭 | 大和盆地 远飞鸟宫 | — | 河内 惠贺长枝 | 河内 长野原陵 |
| 20 | 安康 | 大和盆地 穴穗宫 | 大和盆地 穴穗宫 | 大和盆地 伏见冈 | 大和盆地 伏见陵 |
| 21 | 雄略 | 大和盆地 朝仓宫 | 大和盆地 朝仓宫 | 河内 高鹫 | 河内 高鹫原陵 |

注："—"表示没有记载。
出处：笔者参考吉村武彦《日本古代史丛书2：大和王权》（『シリーズ日本古代史2 ヤマト王権』，岩波书店，2010年）制表。

大和盆地的北、东、南分别有数条河流流入，其中初濑川的流域就叫矶城，而缠向则在矶城之内。

在第10代到第12代的崇神、垂仁、景行三位天皇之后，下一个在矶城建设宫殿的就是雄略天皇。现在我们推定的雄略天皇宫是樱井市胁本遗迹。从这里沿初濑川而上可以到达东国，顺着初濑川可以经由大和川到达河内，是交通枢纽之地。雄略天皇着眼于日本列岛东西部，且关注中国的动态，此地作为他的宫殿可以说相当合适。

在古代人的记忆里，雄略天皇的统治也是划时代的。成书于8世纪后期的《万叶集》和9世纪前期的《日本灵异记》都以雄略天皇的年代为开端。可见8世纪、9世纪的人只要说起古代的王，首先想起的就是雄略天皇（岸俊男）。从中国获得的官爵可能也有效强化了他的权力。倭王权的统治在倭五王的时代得到发展，而在雄略天皇一代达到了顶峰。

## 混乱的王位继承

要越过东海向中国派遣使者，就要准备船只、朝贡品等物，需要耗费不菲的人力、财力。就算可以预见收益能够覆盖成本，但如果支付不起前期投入的话仍然无法遣使。因此，交涉活动的前提是国内统治的安定。然而，雄略天皇死后，倭国并没有直系继承人。倭王权由此变得不稳定，对外交流也不得不大为缩减。

在日本古代，并不是只要即位成为天皇就都有同等的权威。天皇之中有的可以把皇位传给自己的儿子，有的则只能自己一代统治。前者被称作直系，后者则是旁系。判断直系与否的标准是母亲的血统。图表1-8展示的是天皇家的谱系图。

河内祥辅按照这套直系理论研究了5—10世纪的倭国王权。他的研究虽然不乏大胆之处，有人针对个别的事例也提出了反论，但至今为止还没有比这更具连贯性且可以适用于不同时代的理论。在本书中，除非特别注明，否则有关直系、旁系的内容都参照河内的研究进行讨论。

具体而言，皇族出身的女性所生的皇子更有充当直系皇统的资格，享有比豪族之女所生的皇子更高的权威。雄略天皇的母亲名叫忍坂大中姬，她就是应神天皇的孙女。

然而雄略天皇虽然迎娶了仁德天皇的女儿，却没能与之产下男儿。雄略天皇死后，葛城氏女性所生的儿子即位，是为第22代清宁天皇。然而清宁天皇在位仅仅四年即死去，既没有在历史上留下具体的事迹，也没有男性后代。至此，直系继承中断。

按照《日本书纪》的记载，在清宁天皇死后继位的是第17代履中天皇的两个孙子。然而他们身上并没有雄略天皇的

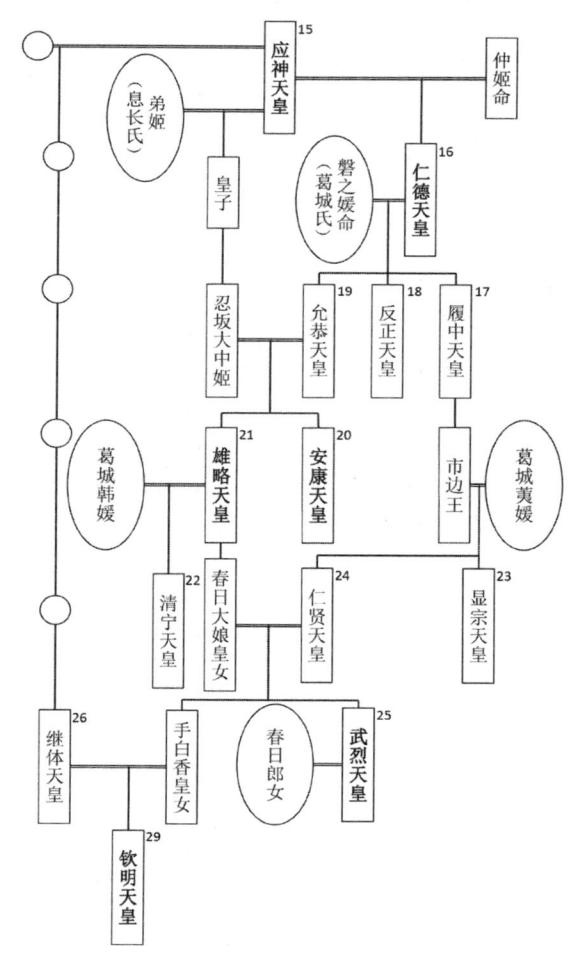

图表1-8 天皇家系图1

注：□表示皇族出身，○表示豪族出身，粗体表示父母都是皇族

笔者制图

血统。在古代，如果男系血统的继承断绝，有时候会通过女系血统继承。当时履中天皇的一个孙子先继位，是为第23代显宗天皇。他可能娶了雄略天皇的曾孙女为妻。之后显宗天皇之兄继位，是为第24代仁贤天皇，他迎娶了清宁天皇同父异母的妹妹。相比之下，仁贤天皇的婚姻更受重视。有一种理论认为，显宗天皇和仁贤天皇其实并未即位，而是由履中天皇之女（一说为孙女）饭丰青皇女作为过渡期的执政。但即使饭丰青皇女真的担任过执政，她也并未结婚，因此生出继承人的重任还是落在了履中天皇的两个孙子身上。

仁贤天皇与雄略天皇之女春日大娘皇女之间育有一子一女，分别是第25代武烈天皇与手白香皇女。仁贤天皇虽然自身没有雄略天皇的血脉，但武烈天皇通过生母继承了雄略天皇的血统。只要武烈天皇能够生下男性后代（当然最好母亲是皇女），那直系继承应当就能重新安定下来。

## 为何停止派遣使者

然而，武烈天皇却在没有子嗣的情况下死去。于是唯一的希望落在了其同母妹妹手白香皇女身上。她是仁贤天皇之女、雄略天皇的外孙女。

被选作手白香皇女的丈夫的是应神天皇的五世孙，也就是第26代继体天皇（？—约531年在位）。在即位之前，继体天皇已经娶了琵琶湖一带豪族之女为妻，他的地盘也在当地。他利用淀川的水路交通，在琵琶湖到大阪湾一带的广大区域间建立了政治、经济基础。他在即位以前就已经养育了众多子女，因此大家也期待他能与手白香皇女生下男儿。当时以大伴金村为首的群臣之所以选择了继体天皇，其中一个考虑就是他能够带来新的直系继承者。

然而继体天皇在即位之初并未能得到大和盆地内部豪族的明确支持。他在即位整整七年（一说为二十年）后才把宫殿搬迁到大和盆地里（吉村武彦）。在此之前他的宫殿分别是樟叶宫（河内淀川）、筒城宫（山背木津川）和弟国宫（山背桂川），这些宫殿都位于淀川水系流域内。之后，他在大和盆地的磐余建设宫殿，这才算是在名义和事实上都确立了倭王权执政者的地位。即使在这之后，对继体天皇的不安和不满并未消失。527年，在古代史中非常有名的磐井之乱爆发，这正是继体天皇统治的时代。

在这一时期，比起勉强凑出派遣使者所必要的经费（造船的费用，给翻译、向导和中间人的报酬，献给皇帝的贡品，使者路上需要的衣食，等等），稳定国内的统治才是当务之急。直系继承的不稳定导致了国内的混乱，这正是停止向中国遣使的原因。

第二章

## 遣隋使的派遣

向"菩萨天子"朝贡

## 第一节

# 梁朝开启的佛教兴隆

朝鲜诸国向倭国"公传"*的意义

## 充满佛教色彩的对宋上表文

我们在第一章提到 5 世纪的倭五王中的最后一位倭王武给刘宋皇帝的上表文,在比那稍早一点的时候,某个东南亚国家曾呈上过一篇风格完全不一样的上表文。

> 伏承圣主,信重三宝,兴立塔寺,周满国界。城郭庄严,清净无秽,四衢交通,广博平坦。台殿罗列,状若众山,庄严微妙,犹如天宫。……学徒游集,三乘竞进,敷演正法,云布雨润。……大宋扬都,圣王无伦,临覆上国。有大慈悲,

---

\* 指通过国家间官方交流而传播。

子育万物，平等忍辱，怨亲无二。（《宋书·夷蛮传·诃罗陀国条》）

这是诃罗陀国（该国在《宋书》中除了这篇上表文再无其他信息，其准确位置不明）在430年呈给刘宋的上表文。原文篇幅很长，这里只截取了其中一部分。

不难看出，这篇上表文中使用了很多佛教词汇。比如里面提到中国皇帝敬重三宝（佛、法、僧），建立了寺塔，是圣明的君主，其王城像天宫一样壮丽，不少僧侣来此修行，以至于佛教的教化像雨水一样润泽了国土。上表文把皇帝当作理想的崇佛君主，把中国看成理想的崇佛国家，这种行文在刘宋以前的史书中是从来没有的。

对比之下，倭王武的上表文以儒家的传统、立场、思维为基础，而诃罗陀国的上表文则充满佛教色彩。两篇文章都是呈给刘宋皇帝的，但和倭王武的相比，诃罗陀国的上表文有着截然不同的风格。实际上，在收录这两篇上表文的《宋书》中，使用佛教式修辞的文章更多一点。

自刘宋以来，像今柬埔寨、巴厘岛等地的东南亚国家，以及帕米尔高原一带的中亚国家的上表文，都开始使用佛教式修辞来赞颂皇帝和中国。也有不少国家呈上了佛像、舍利、梵语经典、佛发、佛袈裟等佛教文物。还有像百济这样的，请求皇帝下赐自己作注的佛教经典的国家。当时各国在与中国进行交涉活动的时候，使用了各种办法强调佛教文化。

倭五王通过朝鲜半岛获得了传统上与中国交流所必需的儒家思想，并成功开启了与中国的交涉活动，但与此同时，亚洲各国交涉的思想基础却已经转移到佛教。这种趋势基本始于5世纪初。

为何当时出现了如此戏剧性的变化呢？当时在对中国交涉中强调佛教文化的并不只是亚洲的某个区域，因此可以推测，促成这一变化的并不是亚洲诸国，而是中国一方情况的变化。

## 不断扩张的中国佛教

一般认为，佛教是在东汉时代的1世纪左右传入中国的。而从平民到统治者的不同阶层都开始狂热信奉佛教，则是4世纪的东晋、五胡十六国时代。其背景正是中国史上不多见的乱世。

汉族建立的西晋王朝在3世纪晚期开始爆发了内部斗争，之后国力迅速衰退，最终不得不把中国北方的统治权让给了以游牧为生的少数民族。317年，晋室越过淮河，迁都江南。中国北方则由五个少数民族集团建立了十六个国家（五胡十六国），这些国家相继建立、灭亡。另一方面，东晋自身继续存在了约一个世纪，但其间叛乱频发，皇帝的权威日益下降。

当时的统治者往往是昨天还大权在握，今天就被赶下台。比如在鲜卑慕容部于384年建立的西燕，开国皇帝在385年正月被手下的将领杀害，之后在不到半年的时间里更换了4位统治者。386年六月，开国皇帝的远房亲戚继位，但他在394年就被同是慕容部建立的后燕击败身死，西燕最终被后燕吞并。

在这种战火纷飞的年代，人们或家破人亡，或流离失所，生活朝不保夕。王朝大概只能维持几十年（参照第一章的中国王朝交替表1-1），所以不少人的一辈子里就经历了好几个朝代。远离战火的人恐怕是少数。既然人们在现世难以期盼幸福，那就只能从宣扬来世幸福的佛教那里得到安慰。

在信仰佛教的人数激增的同时，统治者也开始关注佛教徒的力量。因此就有人表现出对佛教信仰的热忱，希望以此来把崇尚佛教的人的力量收为己用。

如前所述，4世纪的中国北方居住着文化背景差异极大的不同民族的人。少数民族统治者即便接受了传统的儒家观念，他们作为中华统治者的身份也难以获得积极的认可。他们为了团结不同背景的人，也选择了不受传统规范束缚的佛教作为思想支柱。

五胡十六国的君主不少延请僧侣作为谋士，为他们建立伽蓝，为他们的佛经汉译工作提供帮助。这包括后赵的石勒

(319—333年在位)之于佛图澄、前秦的苻坚(357—385年在位)之于道安,以及后秦的姚苌(386—393年在位)之于鸠摩罗什。僧侣成为入幕之宾后,既讲授佛教的教义,有时也对政策提出建议。

439年,游牧民族鲜卑族的拓跋部建立的北魏统一中国北方,中国进入南北两个王朝对峙的时代,也就是南北朝时期。与东晋、五胡十六国相比,南北朝时期的社会得到了些许安定,已经在中国社会扎根的佛教信仰也迅速扩张。当时从王公贵族到平民百姓竞相把财物布施给寺院,因此南北朝时期出现了许多财力丰厚的寺院以及对民众有着极高影响力的僧侣。

在佛教影响力增强的背景下,当权者也卷入了佛教引发的巨大力量的旋涡之中。到了5世纪中后期,南朝出现了受戒的皇帝。所谓戒,指的是佛教的行为规范,皇帝们受的戒具体而言叫菩萨戒,意思是作为菩萨鼓励普度众生,无论在家、出家都可以受此戒。受了菩萨戒的人自认为是菩萨,也被他人认为是菩萨。

## 梁武帝——皇帝菩萨的登场

因为信仰佛教而受了菩萨戒的皇帝正是第一章提到过的梁武帝。梁武帝于在位期间修建了大量佛寺,讲经说法,还注释佛经。他对佛教的信仰在亚洲诸国中也广为人知。

529年九月十五日，梁武帝行幸宫城北墙外的同泰寺，在该寺设无遮大会。无遮大会是一种不问僧俗、男女、贵贱，对所有人提供食物并讲解佛教教义的大法会。之后武帝脱下皇帝的服饰，穿上袈裟，将自己的身体布施给同泰寺作为该寺的奴隶。这种做法叫舍身。据说梁武帝以奴隶的身份在寺庙里睡朴素的床、使用粗糙的器具，为寺庙干杂活。

他过简朴的生活以及侍奉寺院可能确有其事，但做杂活则应该只是仪式而已。梁武帝在同泰寺期间曾设讲堂，升于法座，对出家、在家男女讲授《涅槃经》。普通的奴隶当然不可能有资格讲说佛经。他虽然声称把自己布施出去，但这种事在皇帝身上自然是与常人不一样的。

梁武帝的舍身意味着抛弃俗世的权力，也就等同于放弃皇位。然而他舍身的时候却没有让太子继位。这就导致朝廷里没有了做最终决定的皇帝，政务也因此停滞了。

关于这个问题，别说梁武帝本人，当时朝野上下的任何人都可以预料得到。因此梁武帝本来就没有打算一直待在同泰寺，同泰寺的僧人与朝廷的官员也都明白这一点。在这种情况下，梁武帝需要一个回归朝廷的正当理由。于是群臣提出以一亿万钱把"皇帝菩萨"赎回。僧人们接受了这一提议，但是皇帝本人却迟迟不肯答应。大臣们连续三次提出请求，皇帝才总算回到朝中（还御）。这时候已经是十月初一，整个过程一共是 15 天。

舍身、讲解《涅槃经》、还御这个过程是早就定好的计划。然而，梁武帝的舍身并不仅仅是一次表演那么简单。

首先，梁武帝舍身的举动当然会得到虔诚佛教徒的认可。其次，梁武帝本人是同泰寺的建立者，他有权决定如何使用群臣为了赎回皇帝而布施给同泰寺的金钱。再次，他在还御后宣布了大赦以及改元。

研究中国南北朝史的泰斗川本芳昭认为，大赦意味着让万民共同享受新的世道，是一种重新建立起皇帝与百姓之间纽带的尝试。改元则象征着皇帝的统治焕然一新。梁武帝通过舍身、还御、大赦、改元这一系列操作，企图通过佛教加强国家的凝聚力。因此，梁武帝的舍身包含了各种政治目的，是高度政治化的行为。

相反，北魏终结了五胡十六国的战乱，北魏皇帝不仅凌驾贵族，也凌驾了佛教势力。北魏皇帝没有必要像梁朝皇帝那样充当寺院的奴隶，显示出与佛教合作的姿态。皇帝们为了强化皇权，甚至命令僧人还俗、拆毁寺庙，以此来保证兵源和税源，还有的皇帝没收了寺院积蓄的财富。这种强硬的废佛政策的目的是要把人们的力量从对佛教的信仰转移到对俗世权力的效忠上。

然而，即便是皇权强大的北魏，也无法长期进行废佛。废佛遭遇了强大的反弹，而在主持强硬废佛政策的皇帝死后，又出现了复兴佛教，想以此笼络人心的皇帝。这时候的佛教已经是一股皇帝无法忽视的力量。

## 为佛教带来活力的朝贡

随着佛教在中国社会生根以及与政权勾连，一些亚洲国家就开始向这位热心信奉佛教的皇帝派遣强调佛教色彩的使者。在这位崇信佛教、积极保护佛教信仰的皇帝眼中，这样的使者应该是很对胃口的。

决定用这种方式进行交涉活动的国家当然预见到这样做会得到梁朝的认可。那么，在他们看来，这样的认可会带来怎样的利益呢？

下文将引用本章开头提到的诃罗陁国上表文的后半部分内容。

伏愿圣王，远垂覆护，并市易往返，不为禁闭。……愿敕广州时遣舶还，不令所在有所陵夺。愿自今以后，赐年年奉使。(《宋书·夷蛮传·诃罗陁国条》)

诃罗陁国请求皇帝颁布敕令,让其可以自由贸易,并让相关官员不要没收他们的贸易收益。诃罗陁国用佛典中的修辞来赞颂皇帝和中国,为的是获得与中国贸易的权利与利益。

在上表文中使用佛教经典中的修辞的并不只有诃罗陁国而已。这些国家都是东南亚海上贸易路线上或者中亚丝绸之路上的国家。

一方面,中亚和东南亚国家由于很早接触佛教,它们往往拥有用象牙、玉石等特殊材料制作的佛像、梵语的佛经,以及佛舍利、佛发、佛袈裟、衣钵等圣人遗物。佛经的重要性自不必说,而把佛教圣人的遗物送给中国,意味着当今的中国更适合保存这些东西,这相当于在赞颂中国佛教的兴盛与优越性,以及信仰的正统性。另一方面,有的国家请求中国下赐翻译成汉语的佛典和皇帝写的注释书,这些国家的意图就更为露骨了。这些基本上都是比中国更晚接触到佛教的国家。

以更大的规模接待这种使者的,正是上文提到的梁武帝。梁武帝在541年三月讲授《摩诃般若波罗蜜经》的《三慧品》一章,让外国使者也参加。梁武帝即位于502年,这时候他已经在位将近四十年,也就是第一章提到的《职贡图》完成前后的时代。

当时参加讲经大会的,不仅有皇太子、王公贵族、宗室外戚以及文武百官,还有北朝的大使和副使,以及诸国派遣到梁朝的使者，总计1360人。这个数字应该包含了平时无法觐见皇帝的下级使者随从人员，以及恰好到访梁朝的商人。通过这1000多位的各色人等，梁武帝讲经的事迹必然传到了亚洲的很多地方。

梁武帝在京城一带举办的这些佛教活动，因为规模庞大，经常能吸引到各色人等参加。各国的使者、商人大概会把这些活动的情况作为贸易、交涉对象的最新动态传回本国，而皇帝本人也在积极地扩散消息。在这种气氛之下，强调佛教色彩的遣使得以持续进行。

史书上并没有记载541年梁武帝讲经时除了北朝以外还有哪国的使者参加。不过宕昌王（宕昌在今甘肃省，主要以游牧为生）和高句丽、百济、滑国（即中亚的嚈哒）的使者在当年的三月都在梁朝，他们理应参加了讲经。

在这些使者中，百济使者的举动最值得玩味。他请求梁朝下赐《涅槃经》的注本，还希望梁朝能派遣毛诗博士、工匠、画师到百济，并获得批准。后来我们从百济王的坟墓中发现了中国南朝技术的痕迹，由此可见梁武帝向百济派遣工匠应该确有其事。

那么，为何百济会请求梁武帝下赐《涅槃经》等经书的注本呢？大家不要忘记，梁武帝曾经在529年舍身并讲授《涅槃经》。日本的古代史研究者园田香融认为，百济请求获得的

"《涅槃》等经义"指的就是武帝的著作。这显示百济准确把握住了梁武帝崇佛的态度，深刻理解了武帝的思想立场，这才提出要获得《涅槃经》的注本。百济使者应该参加了武帝讲经的活动，请求武帝所作的注释书的目的是迎合皇帝的喜好，以佛教为媒介维护百济与梁朝的良好关系。

## 佛教在东亚的"公传"

在6世纪的上半叶，统治朝鲜半岛北部的是高句丽。高句丽全盛时期的领土北至今天中国东北的南部，西至辽东半岛，南至朝鲜半岛中部。当时朝鲜半岛南部东有新罗，西有百济，两国以南则有伽耶。这几个国家有时联合起来共同对抗高句丽。这些国家中国力最强的是高句丽，由强至弱依次是百济、新罗、伽耶。高句丽和百济向中国北方、南方的政权遣使，并获得册封，而新罗和伽耶则没有这样的国力。

百济虽然向南朝和北朝都有遣使，但对他们而言，汉族建立的南朝更加重要。527年，百济在首都熊津（今忠清南道公州市）建立了以梁朝年号"大通"命名的大通寺。大通寺的瓦片是用南朝技术生产的。大通寺正是象征两国间通过佛教建立的友好关系（同时也是严格的上下关系）的纪念性建筑。

早在佛教传入当初，百济的佛教就与该国和中国的政治关系有着极深关系。12世纪成书的朝鲜半岛官修史书《三国史记》记载，东晋僧人摩罗难陀于384年来到百济，首次把佛教传到当地。百济在当年曾派遣使者到东晋，由此可见摩罗难陀大概是与百济使者一道前往百济的。无论当时是百济王为了弘扬佛法而请求僧人访问，还是东晋孝武帝（373—396年在位）想要向百济传教，摩罗难陀此行都明显带有官方性质。

百济经常受到高句丽的入侵，故而非常重视与东晋的关系。在这种背景下，百济使者与僧人一同回国，以此让佛教正式传入百济，应该是因为使者判断接受佛教能有效加强与东晋的关系。

高句丽早在372年就从前秦（352—394年）苻坚那里接收了僧人、佛像与佛教经典。虽然是外来宗教，但当时的高句丽政府对此非常欢迎，也没有出现百姓的大规模反抗，这是因为高句丽人都知道与向他们传播佛教的前秦保持友好关系非常重要。对高句丽而言，佛教的传入也和保持与中国的关系有关。之后，高句丽颁布了崇信佛法的命令。为了让前秦传来的佛教能传到民间，高句丽动用了王权来宣扬佛教。

梁朝的使者与僧人在527年访问新罗，从此开启了新罗官方对佛教的信仰。这正是百济建立大通寺的同一年。以前的研究认为，新罗信仰佛教，是因为新宗教作为内政改革的一部分是必不可少的。

因为，在内政改革上需要新的宗教而接受佛教是一个相当合理的推论。但在另一方面，在朝鲜半岛诸势力激烈对抗的背景下，为了进行内政改革，通过与中国保持友好关系来强化王权，以此在三国间的斗争之中占据优势也是很有必要的。事实上，虽然当时高句丽和百济都积极遣使中国的南北朝，但新罗国力弱小，连独自向梁朝遣使也办不到。

新罗官方接受佛教的背景是梁朝使者、僧人来访这一对中国交涉上的礼仪性事件（末松保和）。为了在朝鲜半岛的局势中占据有利地位，与梁朝的友好关系是很有必要的，而通过官方接受相当于梁朝国教的佛教，新罗也得到了梁朝的好感。

## 对倭国的佛教"公传"

对朝鲜半岛三国而言，佛教的传入与官方认可从一开始就不单单是一个宗教问题，还是与对中国交涉紧密相关的政治问题。尤其是6世纪以来，佛教在梁武帝的倡导下进入了鼎盛时期。为了得到梁朝的支持，百济和新罗都以王权推进佛教信仰，以佛教为思想基础建立对梁朝的国家间关系。在佛教"公传"到倭国的时代，东亚的佛教是以梁朝为中心运作的。

根据《日本书纪》的记载，佛教在倭国的"公传"始于552年，但圣德太子的传记《上宫圣德法王帝说》，以及记录元兴寺的由来与财产的目录《元兴寺伽蓝缘起并流记资财账》则说是538年。另外,《日本书纪》钦明天皇十五年(554年)二月的条目中提到"僧昙慧等九人代僧道深等七人(547年从百济前往日本担任佛法教授的僧人)"。既然这里用到了"代"一词,那就说明昙慧等人此前就已经来到倭国了。除了这两个年代,百济向倭国派遣人才的513年、516年、547年也可能是公传的开始。无论如何,最起码在547年以前,佛教就已经在两国国王都有参与的层次上正式传入日本了。

"公传"这个说法给人一种百济把佛法"传入"日本的感觉。然而成书于7世纪中期的《隋书》中却提到(日本)"敬佛法,于百济求得佛经,始有文字"(《隋书·东夷传·倭国条》)。这里指出佛教不是通过"公传"进入日本,而是倭国请求百济"引入"日本的。

然而,以国家主导的方式引入外来宗教的做法本来就是非常危险的。因为牵涉到与王权的关系的问题,可以预见本土宗教与外来宗教必然会发生对立。新罗就发生过国王近臣因为主张接纳佛教,结果被斩首的事,这是当时非常有名的故事。这位近臣说"我为法就刑,佛若有神,吾死必有异事"(《三国史记·新罗本纪》),结果从他脖子喷出来的血是白色的,群臣对此大为震惊,最终同意接纳佛教。这个故事就反映出统治阶级围绕接纳佛教而发生的斗争。

在佛教以外，在国家层面接受新宗教时发生剧烈摩擦的事件在世界史上也是不胜枚举。在倭国，围绕官方是否应该认可佛教的问题，统治阶级似乎也无法达成共识。

既然如此，倭国为什么要在官方层面上引入佛教呢？

为了回答这个问题，我们首先要注意到佛教公传的时代。倭国从百济引入佛教的6世纪40年代正是中国南朝梁武帝在位的时期。正如前文所说，当时的百济在527年建立大通寺，又在541年请求获得梁武帝所著的《涅槃经》注释书，正为了和梁朝保持友好关系而积极推动佛教信仰。倭国要通过百济在官方层面引入佛教，不难想象他们期待佛教有着宗教以外的作用。在当时，对佛教的理解是东亚知识分子和文化人必备的素养，而且还是对中国（尤其是南朝）交涉的必不可少的技能。这才是倭国官方决定引入佛教的原因。

《日本书纪》记载，百济在545年将从梁朝获得的财宝赠送给倭国。长期与南朝对峙的北魏在534年分裂成东魏和西魏，中国北方的形势变得不稳定。与此同时，梁朝的重要性日益提升，当时的百济和倭国其实相当重视梁朝的动向。

然而，就在倭国官方引入佛教不久后的548年，梁朝却突然崩溃了。梁朝接纳了东魏（534—550年。北魏分裂后，东西两个政权都以魏为国号，历史上为了区分，把它们称作东魏和西魏）猛将侯景，但侯景却发起叛乱。侯景率军围攻首都建康达百余天,最终占领了建康,而梁武帝就死在城中。据说他是饿死的。当时梁武帝86岁,统治了中国南方达半个世纪,在位期间皈依佛教,受了菩萨戒,舍过身。他的死未免过于悲惨,也过于突然。

据说,在侯景之乱后造访梁朝的百济使者看到都城建康荒废的景象时不禁落下了眼泪。即使是经历过数次王朝兴亡的百济,佛教兴隆的梁朝也曾经是特别的国度,是他们憧憬的国家。

第二节

# 倭王权的安定与大国隋朝的登场

对中交涉的重新开启

## 继体天皇死后的王权

我们在前文中提到,自从479年倭王武最后一次遣使,倭国就再也没有派遣使者访问中国。在此期间,佛教在中国不断壮大,而与之呼应的则是亚洲诸国向中国派遣了强调佛教色彩的使者。在这种背景下,倭国也开始考虑重启与中国的交往,并为此在官方层面引入了佛教。

那么,在佛教"公传"的年代,倭国的王权已经稳定到足以再次进行对中国的交涉活动了吗?

第一章提到,第24代仁贤天皇的女儿,手白香皇女同时也是第21代雄略天皇的外孙女,她嫁给了第26代继体天皇。继体天皇死后,继承天皇位的是他的三个儿子:第27代安闲天皇（531?—535年在位）、第28代宣化天皇（535—539年在位）和第29代钦明天皇（539—571年在位）。

这三位天皇中安闲天皇和宣化天皇都是仅限一代的旁系，而最年轻的钦明天皇则可以把皇位传给自己的儿子。安闲天皇和宣化天皇的生母都是地方豪族的女儿，而钦明天皇的生母则是手白香皇女，钦明天皇的后代作为直系更受到当时人的认可。

钦明天皇迎娶了石姬皇女（其父是钦明天皇之兄宣化天皇，生母是手白香皇女之妹橘仲皇女），而且两人之间育有子嗣（即后来的敏达天皇）。由钦明天皇充当直系，应该在所有人眼中都是理所当然的。而佛教的"公传"就发生在钦明天皇在位期间。

随着钦明天皇即位，倭王权的直系继承再次安定下来，对南朝交涉的重启也提上了日程，这正是倭国官方接纳佛教的背景。

就在倭国引入佛教后不久，梁武帝去世，梁朝也随之瓦解。取代梁的陈朝（557—589年）是南朝最后一个王朝，但其实不过是江南一带的地方政权。同时，北朝依然处于东西两个政权对峙的状态，在更远的北方还有实力强大的突厥（统治中亚与北亚广袤区域的游牧国家），其影响力日益增长。6世纪中期的中国非常混乱，而南北朝时代也已经来到了晚期。

佛教虽然已经"公传"到倭国，但倭国一直没有机会应用佛教的知识与中国开展国家间关系，就这样几十年过去了。在此期间，倭国一直没有停止对朝鲜半岛的交涉。

倭国（尤其是北九州）与朝鲜半岛南部之间是约70公里的玄界滩，中间是对马岛和壹岐岛。考古研究表明，两地的人类从史前时代就有密切的交流。正因为这种密切人类交流的存在，倭国与朝鲜半岛南部的伽耶地区似乎有着相当紧密的交流网络（但并非战前宣传的领土统治）。

为了维持这个交流网络，倭国在当地设立了"日本府"（YAMATO NO MIKOTOMOCHI，负责传达倭王旨意的使者），但各国有着各自的想法，最终伽耶地区在562年被纳入新罗的统治，这引起倭国对新罗的敌意。

正当倭国暂时把精力集中在朝鲜半岛之际，国际形势的发展却迫使它不得不重新关注中国大陆，那就是统一南北的大国隋朝的出现。

## 600年的遣隋使

600年，倭国首次派遣使者访问隋朝。这件事在《日本书纪》中没有记载，我们也无法得知出发的时间、归国的时间以及使者的名字。然而《隋书·东夷传·倭国条》却记载了以下的内容：

> 开皇二十年,倭王姓阿每,字多利思比孤,号阿辈鸡弥,遣使诣阙。上令所司访其风俗。使者言倭王以天为兄,以日为弟,天未明时出听政,跏趺坐,日出便停理务,云委我弟。高祖曰:"此太无义理。"于是训令改之。

当时的皇帝是隋朝的开国皇帝隋文帝(581—604年在位)。史料记载隋朝询问倭国使者倭国的风俗,这种事情不仅仅发生在隋朝与倭国之间。中国的史书中记载了很多交涉国的风俗,其实就是有关部门询问使者后留下的记录。

当时倭国已经有一百多年没有向中国遣使,使团里或许没有精通两国语言的译员。他说倭王以天为兄,以日为弟,日出后就把统治交给弟弟。我们知道晚间办公需要照明,这会导致额外的支出,对辅佐国王统治的家臣以及被统治的国民都是极大的负担。统治者考虑到这些支出会尽量避免在夜间办公。而倭王却在夜间处理政务,到日出就停止。距第一次遣隋使约半个世纪后的倭国是在日出后开始政务的,因此我们很有理由怀疑当时的翻译出了错。无论如何,当时隋文帝认为他的话"太无义理",让他转达自己对倭王的训诫。

过去有研究认为,隋文帝认为"太无义理"的是倭王与天、日的兄弟关系。在中国传统与儒家观念里,"天"指的是天帝,如果倭王是天帝的弟弟,那么受天帝的命令(天命)统治中国的皇帝就要在倭王之下了。

然而中国虽然对各国的信仰感兴趣，却不会论其是非并以此训诫使者。中国其实是理解各国对"天"的信仰的。中国史书中经常把北方各游牧民族的神明称作"天"。隋朝皇帝自己就来自中国北方，隋朝的统治阶级也很能理解游牧民族对"天"的信仰。隋文帝并不会觉得倭国这样看待天和日（倭国独自信仰的神明）有什么问题，而只会认为他们处理政务的方式不妥。

值得注意的是，文章中提到倭王处理政务时的姿势是"跏趺"。"跏趺"是"结跏趺坐"的简称，就是盘膝而坐，也是佛教冥想时的姿势。如果"跏趺"不是误译的话，那这里的意思就是倭王是边冥想边处理政务的。

不过，即使我们认为"跏趺"一词强调的是佛教色彩，600年的第一次遣隋使比起607年的第二次遣隋使依然可以说没有多少佛教元素。正如上文所述，倭国为了与中国交涉而接受了佛教，那为何第一次遣隋使却没有强调佛教元素呢？

隋朝的前身是北周（557—581年）。北周政府既进行过大规模的废佛活动，也没有接受过强调佛教色彩的使者。虽说隋朝接受北周禅让后致力于复兴佛教，但它晚至601年才明确表现出欢迎佛教色彩浓厚的使者的姿态。倭国大概是因为难以判断隋朝是否会像南朝的梁一样欢迎佛教色彩浓厚的使者，所以在第一次遣使时才没有强调佛教元素。

虽说受到隋文帝的训诫,但倭国之后还有再派使者,隋朝也欢迎倭国的使臣。600年的第一次遣隋使开启了倭国与隋朝的交涉,从这一点上说这次遣隋使应该是成功的。

不过话又说回来,倭国为什么在600年决定开始对隋交涉呢?

## 隋朝的建立与亚洲的形势

这里我们要再次回顾中国的形势。581年隋文帝建立隋朝,这个消息很快就传遍了亚洲各地。史书记载了在隋朝建国当年就遣使入朝的国家有突厥、靺鞨(东北亚的游牧国家)、白狼国(位置不明)、百济、高句丽。

倭国和百济在583年有多达4次的使者来往。虽说倭国和百济一向关系友好,但一年内4次遣使也未免过于频繁,这应该显示倭国在积极收集与隋朝有关的情报,而百济也给予了相应的回应。然而,倭国却似乎没有考虑要向隋朝遣使。

隋朝建国的时候,上文提到过的南朝最后一个朝代陈朝尚在。陈朝国土小,国力比统一了华北的隋朝弱得多。隋文帝准备妥当后,于588年十月以皇子晋王广(后来的隋炀帝)为统帅出兵攻陈,总兵力51.8万,于次年正月灭陈。

## 第二章 遣隋使的派遣

陈朝骤然灭亡，东亚各国对此有不同的反应。比如百济立刻派遣了使者祝贺隋朝统一，林邑（在今越南南部）收到消息后首次遣使入朝，而高句丽则练兵积粮，加强了防御，大概是因为预期隋朝会挥师北上。而在中国三百年来首次统一之际，倭国却没有任何动静。

陈朝的灭亡还波及了中亚的突厥。突厥在6世纪中期时对中国及周边各国有着极大的影响，隋朝在建国初年也常常遭到突厥的侵扰。不过到了583年，隋朝成功让突厥分裂为东西两部，并在585年让东突厥臣服。

在灭亡陈朝并统一中国，又成功使突厥分裂之后，隋朝把目光转向东亚，而它的目标则是高句丽。

正如上文所述，高句丽在陈朝灭亡后加固防御。597年，高句丽阻碍了靺鞨和契丹与隋朝的交涉，遭到隋朝责备。次年，高句丽王率领靺鞨骑兵入侵今天辽宁省西部一带。隋朝虽然击退了高句丽的入侵，但隋文帝勃然大怒，发兵从水陆两路攻打高句丽。但结果隋军兵粮不足，大量士兵患病，再加上高句丽王先行谢罪，结果没有真正交战就撤退了。

虽说避免了全面战争，但朝鲜半岛诸国与倭国无疑深刻感受到来自隋朝的军事压力。在不再需要集中兵力防御突厥之后，隋朝是否会全力经略朝鲜半岛呢？在这种形势下，东亚各国的神经极度紧张，而与朝鲜半岛有着紧密的经济、政治联系的倭国也难以对此袖手旁观。正是这种军事压力，具体而言是隋朝远征高句丽的事件促使了遣隋使的派遣。

倭国人已经有一百多年没进入过中国的首都了。上次造访的还是南朝的建康。建康虽然汇集了南朝的先进文化，是个美丽的都城，但和隋朝的大兴城（唐朝的长安、今天的西安）相比简直是太小了。

大兴城的宫城美轮美奂，而且在隋文帝的鼓励下建立了许多寺庙。城内东西设有巨大的市，除了隋朝本国人，各国的使者、商人也都聚集于此，十分热闹。遣隋使进入大兴城后，切实地感受到了倭国与隋朝之间巨大的国力差距。

倭国的统治者从遣隋使口中听到他们的所见所闻，然后就迅速着手完善各种制度。当时正是第33代推古天皇（592—628年在位）统治、圣德太子（厩户皇子）摄政、苏我马子辅佐政务的时代。不过《隋书》中提到派遣遣隋使的倭王名叫阿每多利思比孤，这是个男性的名字，这可能反映了主导此事的是圣德太子。

他们制定的制度是冠位十二阶（603年）和十七条宪法（604年）。十七条宪法其实只提出了官员应有的态度，而没有决定具体的行政程序，从制度上说是相当原始的，不过在这以后，一连串改革相继发生，最终发展为日后的律令制度。

603年，推古天皇迁居至小垦田宫，里面专门设有礼仪区域，用于练习礼制。比如可以追溯到中国南朝的匍匐礼（出入宫门时要匍匐在地）就是在此时引入的（榎本淳一）。遣隋使进入大兴城后体验到各种礼仪，这才引发了一系列改革。

## 第三节
# 607年"日出处天子"的真正含义

## 607年的遣隋使

第一次遣隋使七年后的607年,倭国以小野妹子为使者,向隋朝皇帝呈上了有名的国书,也就是"日出处天子"一语的出处。

> 大业三年,其王多利思比孤遣使朝贡。使者曰:"闻海西菩萨天子重兴佛法,故遣朝拜,兼沙门数十人来学佛法。"其国书曰"日出处天子致书日没处天子无恙"云云。帝览之不悦,谓鸿胪卿曰:"蛮夷书有无礼者,勿复以闻。"(《隋书·东夷传·倭国条》)

## 第二章　遣隋使的派遣

以上就是中国史书中有关607年入隋的倭国使者的全部记录。

这段史料可以分成三个部分，第一是使者的发言，第二是倭国的国书，第三是隋炀帝的回应。第一部分占据了史料的近一半内容，但此前的研究更加重视第二部分的书信，因此下文将首先讨论倭国的国书，然后才讲述使者的发言。

在过去，人们认为"日出处"指的是朝阳升起之处的国家，也就是势力增长的国家，而"日没处"是太阳下山之处的国家，也就是夕阳之国。这种说法在战前、战后都得到广泛支持，但近年东野治之已经证明，"日出处""日没处"这两个词语出自《大智度论》（记载佛教教义的叫"经"，对经进行注释的叫"论"），表达的仅仅是东、西两个方位而已。

如果"日出处""日没处"仅仅表达方位的话，那"天子"又应该如何理解呢？其实《隋书》中除了倭国书信外还有别的地方出现了"天子"一词。倭国使者称隋朝皇帝为"菩萨天子"乃是一种赞颂。国书与使者的发言可以说是检讨了七年前的失败后，根据同一方针继续改进的结果。倭国国书中"天子"一词应该要基于使者发言中的"菩萨天子"加以理解。下文将详细论述这一点。

## 私人信件的文书格式

学者们讨论的除了信中的"日出处""日没处""天子"这些词语,还有"致书"这个表达。

各国与中国交往的书信通常采用的是"表"这种文体。所谓表,指的是臣下呈给君主(也就是皇帝)的文书,其开头基本是"臣某言"。而倭国给隋炀帝的书信采用的则是"致书"这种形式。使用"致书"这种形式的交涉文书的一个例子是584年东突厥可汗给隋朝的国书。

辰年九月十日,从天生大突厥天下贤圣天子、伊利俱卢设莫何始波罗可汗致书大隋皇帝。(《隋书·北狄传·突厥条》)

这是国书的开头部分,之后的内容述说了皇帝是可汗妻子之父,因此可汗可以算作皇帝的儿子。然后可汗还对天神发誓,要让两国的友好关系万世不绝,还说突厥的羊、马都是皇帝之物,隋朝色彩缤纷的丝绸也是突厥之物,隋朝和突厥虽然国土不同,但心意却是相通的。

这封国书于584年送给隋朝,比倭国的"日出处天子"早了大约二十年。在书信里,两国之间并没有明确的上下关系。

虽然可汗把皇帝称作自己的义父,但并没有把隋朝放在比自己高的位置。

现存的7世纪前对中国交涉中使用"致书"格式的交涉文书只有突厥和倭国两例。因此,过去有研究主张倭国是参考了突厥国书中的"致书"形式,以此来显示自己与突厥一样,与隋朝有着对等的交涉关系。然而,这两封国书之间却有着不容忽视的不同之处。

首先,突厥国书中在自己君主的称号之前附上了很多赞颂的文字,而倭国国书中则没有这些表达。在君主称号之前加上很长的美号并非汉族的传统,而是游牧民族固有的做法。

其次,突厥可汗的美号是"从天生大突厥天下贤圣天子",而正文中发誓与隋朝保持友好关系时又提到让"天神"做证。"天下""天子""天神"这些用语都是以突厥的信仰为前提的,因此倭国国书中的"天子"与突厥国书的"天子"不能用同一个角度分析。

再次,突厥国书中明确记载了送信方与收信方的国名以及在各自国家里实际使用的君主称号,而这些信息在倭国国书中都没有记载。倭国国书作为两国的交涉文书形式上未免过于残缺。

如果倭国国书是参考了突厥国书而写,那两者不应该会有这几处差异。更进一步说,当时的突厥是中亚、北亚的霸者,而倭国的中央集权化尚未开始,是一个尚不成熟的国家,两者间有着巨大的差距。倭国的执政者不可能无视这些现实,以突厥为模仿对象,主张与隋朝的对等关系。倭国采用"致书"的格式,当与突厥国书没有直接联系。

"致书"这种格式在中国南北朝时代以来多用于私人信件,这封没有注明国号、君主称号的"日出处天子"国书,可能本身不是国与国之间的官方文书,而是一封私人信件。

## 还有一封官方文书吗?

如果这个假说可以成立,那遣隋使携带的除了这封来自天子的私人信件,应该还有一封以倭国王身份写的正式国书。那么,史料中有没有其他国家在以臣下的立场上表以外还写了另一封给中国皇帝的书信呢?

现在已经确认,在史书中有三个朝贡国在以臣下为立场的"表"以外还呈上了别的书信,这种书信被分类为"书"。

450年,百济向宋朝遣使,在"表"中请求下赐《易林》(用于判断占卜结果的书籍)、占式(占卜道具)、腰弩,而在"书"中提到了献上的方物(土特产)。

484年,扶南(在今柬埔寨)向南齐遣使,送上的"表"和"书"都使用了很多佛教用语。"表"中细数邻国林邑的恶行,

## 第二章　遣隋使的派遣

请求南齐的军事介入，"书"中则用华丽的词句赞颂南齐。百济和扶南的国书有同一特点，即"表"提出具体的要求，"书"则主要是礼仪性的问候。

再早一点的时候，在今青海省境内的藏系政权吐谷浑曾打算背叛北魏，但在受到宣谕后于436年再次向北魏臣服，并上了"表"和"书"。这则史料非常简短，连书信的内容都没有记载。

在百济、扶南、吐谷浑那里，与"表"一起呈上的，史书里称作"书"的文书到底有着怎样的格式呢？很遗憾，史书并没有记载它们的原文。可以确定的是，各国国王在以臣下为立场的上表文之外，还会呈上某种形式的文书。

倭国的"书"中没有明确写上国名与君主称号，这作为正式交涉文书是不完整的。我们不能否定倭国除了"日出处天子"书信以外还呈上了以臣下为立场的上表文。隋炀帝之所以说以后不要上奏各国送来的无礼的书信，可能也是说除了交涉活动中不可欠缺的上表文，无礼的"书"不需要上奏。

通过探讨倭国国书的各种可能性，我们发现，倭国国书并不能构成对等交涉说的决定性证据。

那么，倭国使者的发言又传达了什么信息呢？

按照使者的发言，倭国遣使主要有两个目的。

第一是要"朝拜""重兴佛法"的"菩萨天子"。

第二是希望派遣沙门，学习隋朝的佛法。

最能反映出使者发言中透露的交涉意图的是"重兴佛法"这句话。这其实是隋文帝601年开始建立舍利塔时反复使用的一句话。

## 为了强化隋朝而"重兴佛法"

舍利塔的建立是怎么一回事？我们要回顾隋朝的建立。隋朝继承的是统一华北的北周。隋朝的创立者隋文帝杨坚本是年仅8岁登基的北周静帝（579—581年在位）的辅政大臣。他迅速控制了北周的政权，并于581年迫使静帝禅让，建立隋朝。静帝在退位一个月后就被隋文帝杀害了。

隋文帝是篡夺皇位上台的，他在篡位之前当然不可能得到大多数人的支持。很多人对禅让感到不满，因此在隋朝建立初年各地发生了许多动乱。在这种情况下，隋文帝需要尽快为新王朝赢得人心。

隋文帝看中的是遭到北周打压的佛教。北周禁止出家，隋文帝即位后取消禁令，随即就有1000余人出家。之后他又下令重修废弃的寺院、佛像，又命人收集佛教经典。他在新都大兴城建立了大兴善寺，又在自己去过的45个州都建立了同名的寺院。隋文帝可以说在重兴佛教上下了很多功夫。

## 第二章 遣隋使的派遣

隋文帝开展的另一项事业启动于601年他的生日,之后在602年与604年分别于全国各地兴建舍利塔(舍利是佛的遗骨,舍利塔则是安放舍利的塔)。因为这件事发生于仁寿年间(601—604年),故被称为仁寿舍利塔建设事业。据说这些舍利塔的基座下埋藏的舍利是隋文帝登基前从身份不明的僧人处获得的,其来源相当耐人寻味。这些舍利在同一天的同一个时刻安置在地里,并在其上建塔。第一年就在30个州里建立了舍利塔。

隋文帝开启这项事业时下了一道诏书,里面提到"朕归依三宝,重兴圣教"(《广弘明集》卷17),还命令建塔的州可以暂停政务,专心完成仪式。所谓三宝,指的是佛、佛所教的法和弘扬佛法的僧人。

四年间建立的舍利塔一共有100多座,朝廷挑选的建塔地都是有战略意义的地方。舍利塔建设事业无疑对隋朝的统治有着极大的意义。

舍利塔动工建设的时候有一场仪式。朝廷从都城大兴城派遣僧人到现场宣读隋文帝的忏悔文。忏悔文的开头是文帝的自称"菩萨戒佛弟子皇帝某"。隋文帝以受菩萨戒的佛弟子自居,代表一切众生忏悔所有罪愆,发愿让一切众生享受建立舍利塔的功德。

也就是说,隋文帝是作为北周废佛后"重兴佛法"的"菩萨戒佛弟子皇帝"，为了救济众生而在隋朝全境建立舍利塔的。另外，隋文帝所用的"菩萨戒佛弟子皇帝"这个称号正是以梁武帝以及之后受了菩萨戒的皇帝所用的"菩萨戒弟子皇帝"为先例的。

据说大众在听了隋文帝的忏悔文后"请从今以往，修善断恶；生生世世，常得作大隋臣子"（《广弘明集》卷17）。由此可见，舍利塔建设事业的目的正是要将隋朝人心聚拢在身为菩萨的隋文帝身上。

## 舍利塔建设事业在各国的推广

舍利塔建设事业在国外也有很大的影响。

就在事业启动的601年，高句丽、百济、新罗的使者就提出，自己也想在本国供奉舍利，希望隋朝能下赐舍利。虽然有的研究认为三国是受到了隋朝的压力才提出这样的请求，但三国也完全有可能是自愿提出的，毕竟三国可以通过建立舍利塔进入以"菩萨戒佛弟子皇帝"为中心的世界秩序。

现存史料并没有告诉我们朝鲜半岛三国从隋朝获得舍利后如何供奉。但三国不太可能将其置之不理，应该也是建立了相应的舍利塔的。另外埋藏舍利的方法似乎也在同一时间传入了朝鲜半岛。韩国近年发现了好几种安放舍利的容

## 第二章　遣隋使的派遣

器，而601年以后埋入地中的舍利容器则与仁寿舍利塔的埋藏方式（用石、金属或玻璃制作的多层容器收纳舍利）相当类似。

在建塔事业的第二年，即602年，释迦牟尼的诞生地、印度的摩揭陀国也遣使访问了隋朝。使者声称摩揭陀国发生了地震，震后出现了一块石碑，上面记载了隋文帝建舍利塔的事情。这当然是为了赞颂隋文帝而杜撰的故事，使者是否真的来自摩揭陀国也非常可疑。然而对隋朝而言，使者的真伪并不重要，重要的是印度居然发生了赞颂文帝佛教信仰的奇迹，这样的故事对一心想要建构权威的隋朝而言当然是求之不得的。

摩揭陀国使者归国时提出希望隋朝能下赐《舍利瑞图经》和《国家祥瑞录》两本书。隋文帝不仅命人把两书翻译成梵文赐给使者，还把译本颁赐给了西域诸国。这两本书现已失传，但从书名来看，前者说的应该是与舍利塔建设有关的奇迹，后者应该是与隋朝建国有关的奇迹（包含佛教奇迹）。

隋文帝通过这两本书向外国宣示和传递两个信息：自隋朝建立之初，其正统地位就受到佛教的保证，而隋朝也通过建设舍利塔进一步确认了这一地位。他如此积极宣传的意义，西域诸国应该是很容易理解的。

简而言之，正是在隋朝大张旗鼓进行舍利塔建设事业的时候，高句丽、百济、新罗诸国请求下赐舍利，摩揭陀国使者编造了赞颂舍利塔建设事业的奇迹以求隋文帝的欢心。隋朝方面也很欢迎这些使者。对亚洲诸国而言，借助佛教可以顺利与中国展开交涉关系的时代又一次到来了。

日本也意识到了时代的变化。舍利塔建设事业的第二年，即602年，百济与高句丽的僧人造访日本，而日本最早的正规伽蓝法兴寺（飞鸟寺）也恰好在这时即将落成。趁着这个机会，百济为倭国提供了技术人员，高句丽则送来了涂饰佛像所需的黄金。

百济与高句丽也是通过佛教与倭国展开友好交涉的，而他们的使者不久前才访问过隋朝，他们必然将"菩萨戒佛弟子皇帝""重兴圣教"、建设舍利塔，以及把舍利下赐给朝鲜半岛诸国之事告诉了倭国。

## 并非中华思想中的"天子"

上文对仁寿舍利塔建设事业和与之相关的国际形势的叙述稍显冗长了。我们还是回到607年入隋并呈上"日出处天子"国书的使者的发言这个话题上。

正如上文所述，倭国于607年遣使入隋，提出要"朝拜""重兴佛法"的"菩萨天子"，这是为了迎合仁寿年间在隋朝境内建立舍利塔、"重兴圣教"的"菩萨戒佛弟子皇帝"。

600年的遣隋使被训诫说"太无义理",因此倭国这次更想要赢得隋朝的嘉许。为此,他们以隋朝在全国范围内展开,也在国外大肆宣传的仁寿舍利塔建设事业为切入口,称赞复兴佛教的菩萨天子皇帝,希望赢得他的好感。607年遣隋使进京的时候,隋文帝已经死去,其子隋炀帝已经即位。虽说如此,一直在文帝身旁观察其崇佛活动的炀帝不可能不知道倭国所称颂的"重兴佛法"和"菩萨天子"是什么意思。另外,炀帝早在皇太子时代就已受了菩萨戒了。

那么,倭国在国书中把倭王和隋朝皇帝都称作"天子"的目的是什么呢?

过去的研究认为,"天子"一词源自中华思想。然而正如上文所述,我们在理解国书中的"天子"时应该同时考虑使者发言中的"菩萨天子"这个提法。由此得出的结论是,"天子"其实是一个佛教词汇,其含义是人界的王。

《金光明经》是提倡以佛法镇护国家的佛教经典。经中对"天子"的定义是这样的:

> 因集业故,生于人中,王领国土,故称人王。处在胎中,诸天守护,或先守护,然后入胎,虽在人中,生为人王,以天护故,复称天子。三十三天,各以己德,分与是

> 人，故称天子。神力所加，故得自在；远离恶法，遮令不起；安住善法，修令增广；能令众生，多生天上。（北凉昙无忏译《金光明经》）

简而言之，"天子"指的是受到神明佑护、有神通力、弘扬佛法、教化众生的王。研究中国佛教史的山崎宏指出，597年献给隋文帝的书籍《历代三宝记》中按照《金光明经》的说法把文帝赞颂为"天子"。由此可见，隋文帝本人也是认可《金光明经》对"天子"一词的定义的。

按照中华思想，天子只能有一个。因此用中华思想来理解倭国国书，从原则上说是不可行的，因为国书中把倭王和隋朝皇帝都称作天子。考虑到使者发言中把皇帝称作"菩萨天子"，倭国国书中的"天子"指的应该是受到诸天佑护、从三十三天获得德的国王才对。

在使用佛教式修辞的上表文中，除了以佛教语境称颂中华皇帝，往往也会夸耀本国的崇佛活动。本章开头提到的呵罗陁国上表文就是这样的例子。然而这些上表文往往来自狮子国（今斯里兰卡）、中天竺（今印度）、扶南这些佛教兴盛的国家。而倭国当时才刚刚建立正规的伽蓝。就算倭国国书中"天子"一词使用的是佛教而非中华思想中的意思，就算倭国另外还呈上了以臣下身份写的上表文，佛教信仰中落后的倭王自称为

"天子"仍然是失礼的。隋炀帝对倭国国书感到不悦也是理所当然的。

在漫长的中国历史中，朝贡国因为书信与使者的态度失礼而导致国王遭训诫并不罕见。隋炀帝于608年派裴世清带着隋朝的敕书出使倭国，对倭王宣谕。

## 派往隋朝的留学僧

关于607年的遣隋使还有一点值得注意的地方。倭国使者提到，遣使的目的是"朝拜菩萨天子"，并派沙门数十人到隋朝学习佛教。所谓沙门，指的是出家专心修行佛教的人，也就是僧人。史书中并没有提到607年派遣至隋朝的僧人遭到遣返，他们应该顺利留在了隋朝学习。

在现存史料中，东亚诸国通过交涉活动派遣留学僧到中国学习的最早例子，是596年新罗的僧人昙育。《三国史记》记载，昙育前往隋朝的同一个月，新罗派遣朝贡使出使隋朝，可以猜测，昙育应该是与朝贡使一同前往隋朝的。

在昙育以前，新罗僧人知明、圆光都曾去过南朝的陈。581年隋朝建国后，新罗依然认南朝为佛教正统，继续从南朝学习佛教。然而589年隋朝灭陈后，新罗于594年向隋朝遣使。史书并没有记载遣使的目的，但从时间看来，新罗使者应该和同年入朝祝贺平定陈朝的邻国百济一样，也是祝贺隋朝灭陈、统一中国的。隋朝封新罗王为上开府、乐浪郡公、新罗王。昙育与朝贡使一同入隋则是在两年后。

随着陈朝的灭亡，东亚佛教集中在隋朝。新罗也在国家交涉的层面上明确认同隋朝才是佛教信仰的中心。由此可见，新罗之所以派遣了最早的遣隋留学僧昙育，与陈朝灭亡导致的新罗交涉方针转变密切相关。

史书中有604年隋炀帝即位后命令国内高僧教授外国留学僧佛法的一些记录。因为朝鲜半岛诸国尤其积极派遣留学僧，炀帝挑选的高僧主要也是教授三韩出身的僧人。

释净业：大业四年（608），召入鸿胪馆教授蕃僧。(《续高僧传》卷十二《释净业传》)

释静藏：大业九年（613），召入鸿胪，教授东蕃三国僧义，九夷狼戾，初染规猷。(《续高僧传》卷十三《释静藏传》)

释灵润：大业十年（614），被召入鸿胪教授三韩。(《续高僧传》卷十五《释灵润传》)

释神迥：大业十年，召入禅定，寻又应诏请入鸿胪，

为敷《大论》,训开三韩诸方士也。(《续高僧传》卷十三《释神迥传》)

获得任命教授外国留学僧的僧人都会进入鸿胪寺。鸿胪寺是负责招待外国使者的政府部门("寺"是政府部门的意思)。来自朝鲜半岛的留学僧以及607年与小野妹子一同入朝的倭国留学僧应该都住在京城,向隋朝高僧学习佛法。

隋朝重新统一并治理中国绝不是简单的事情。隋朝以中华自居,当时的中国经历了三百年的分裂状态,重整坠落的皇帝权威正是当务之急。为此,文帝与炀帝都把目光放在了佛教的影响力上。接收亚洲诸国的留学僧意味着隋朝佛教是亚洲佛教的标准,命令高僧教导外国留学僧也是提升国家权威的政策之一。

过去的研究认为607年倭国派遣留学僧之举是倭国一方的自发要求。比如开启中日交流史研究的森克己就认为,派遣留学僧是为了提高日本的文化水准,为倭国的国内改革做准备。然而留学必须经留学目的地一方允许才能成立。只有隋朝一方认为接收留学僧对自己有利,倭国才能派出数十人之多的留学僧。因此,我们应该明确一个观点,即隋朝出于政治原因决定接收留学僧,倭国才得以通过正规交涉途径派遣留学僧。

第四节

# 对隋交涉的真相

为何主张对等关系？为何没有请求册封？

## 当时的状况适合要求对等地位吗？

遣隋使与倭五王时代的使者一样，都承认中国皇帝的超然地位，是为了加入以中国为中心的世界秩序而入朝的。也就是说，遣隋使也是朝贡使。然而，与倭五王时代请求南朝册封的使者不同，遣隋使并没有请求隋朝的册封。

册封的一个作用是诸国的国王可以通过中国皇帝的权威保证自己在国内的地位。另外，正如倭五王为臣下请求官爵那样，国王还可以通过册封明确自己与臣下之间的身份秩序。那么，为什么倭国没有向隋朝请求册封呢？

西嶋定生认为册封是东亚世界一体化的关键，他对这一问题做出了以下回答。首先,倭王认为自己才是天下的统治者，所以他主张自己与隋朝皇帝是对等关系；其次，倭国认为百济与新罗都是本国的属国，如果接受册封，那么倭国与两国的地位就一样了，这是需要避免的。

然而这两个原因是否成立呢？首先，倭国提出与隋朝对等主张的说法的基础是对607年国书的分析。通过上文对《隋书》的分析，我们已经辨明这样的主张是难以成立的。

图表2-1显示的是中国正史及各国留下的史料中记载的、7世纪初亚洲诸势力出兵入侵周边国家时动员的士兵数目（但没有统计面对周边国家的入侵而迎击时动员的士兵数）。隋朝建国之初，动员兵数最突出的是突厥。然而自从突厥在583年分裂为东、西突厥后，隋朝就一直处于对其他国家的压倒性优势地位。由此可见，7世纪的隋朝自认为也被认为是亚洲的大国。

中亚的游牧国家可以动员骑兵数万，绿洲国家则能出动数百、数千人的精锐部队。高句丽、新罗、百济的动员兵数从各国间交战的记录看来，应该是数万左右。

另一方面，有关倭国的动员兵数，《日本书纪》记载600年新罗入侵任那的时候，倭国派遣了一支万余人的军队讨伐新罗。不过也有研究认为当时并没有真的派兵。就算真的能够派遣近一万名士兵，这与当时隋朝的动员能力也是无法相比的。

倭国在政治、支撑军事和文化活动的经济，以及以佛教

图表2-1 亚洲各国对周边国家的出兵数（6世纪末—7世纪初）

| 年份 | 出兵国（出兵对象国） | 动员兵数 |
| --- | --- | --- |
| 582 | 突厥（隋） | 40万 |
| 583 | 突厥达头可汗（突厥沙钵略可汗） | 10万余骑 |
| 588 | 隋（陈） | 51.8万 |
| 598 | 高句丽、靺鞨（隋） | 万余 |
| 599 | 隋（高句丽） | 水陆合共30万 |
| 599 | 隋（突厥达头可汗） | 屯兵2万，步兵、骑兵1万 |
| 599 | 突厥达头可汗（隋） | 骑兵10万 |
| 600 | 倭国（新罗） | 万余 |
| 602 | 百济（新罗） | 步兵、骑兵4万 |
| 603 | 高句丽（新罗） | 1万 |
| 604 | 隋（林邑） | 步兵、骑兵万余、罪人数千 |
| 612 | 隋（高句丽） | 113.38万（号称200万），运输辎重的人数为兵数两倍 |
| 615 | 突厥始毕可汗（隋） | 骑兵数十万 |
| 616 | 百济（新罗） | 0.8万 |

注：笔者制表。

为首的文化等方面都远远不能与隋朝对抗。倭国在600年派出第一次遣隋使后，深切感受到本国政治体制的落后，于是迅速开启了上文提到的冠位十二阶、十七条宪法等国内制度改革。这正是倭国认可隋朝优越性的体现。因此，说倭国是为了要与隋朝建立对等关系才没有要求册封是不合理的。

## 当时的时代已经不需要册封了

我们接下来考察西嶋定生提出的第二个理由，也就是接受册封会导致倭国与百济、新罗处于同一地位。

隋朝继承的是北朝，因此隋朝给朝鲜半岛三国授予的官爵并不是南朝常用的节、都督、将军号、王号，而是北朝用的郡公号、王号。郡公号来源于汉魏以来中国为了统治朝鲜半岛而设置的辽东郡（高句丽）、乐浪郡（新罗）和带方郡（百济）这几个郡名。但是倭国自汉魏以来并未进入过中国的郡县制。

按照南朝的惯例，改朝换代时，对于前朝册封过的君主，无论有没有前来朝贡，都会予以册封，而且各国国王世代交替的时候也会进行新的册封。隋朝在建立的同年虽然册封了高句丽王和百济王，但这两国都有朝贡，并不是像南朝那样在新朝建立时对所有国家一起册封。新罗王就在594年朝贡后才获得册封。至于国王交替的情况，隋朝与南朝相似，比如立国的581年曾册封高句丽王高汤为上开府仪同三司、大将军、辽东郡公、高丽王，到了590年高汤之子高元即位，他首先获封上开府仪同三司、辽东郡公，次年才获封高句丽王。

然而，在大概600年以后，隋朝不再有兴趣册封东亚各国。

598年二月，因为高句丽入侵辽西，隋朝举大军讨伐高句丽，这是第一次出兵高句丽。六月，高元的官爵遭到削除。本来隋朝军队已经到达辽河，但高元自称"辽东粪土臣元"，向隋朝请罪，隋文帝因而下令撤兵。据说隋文帝待高句丽王如初，但史书中没有记载隋朝恢复了他的册封。后来隋炀帝再次讨伐高句丽的时候也没有提到削去他的官爵。

再看百济。599年百济王余宣即位，600年余宣去世，其子余璋即位，这两个时候都没有隋朝册封新百济王的记录。600年前后隋朝根本没有册封过百济，更遑论倭国不想与百济并列了。另外，新罗的真平王于579年即位，他一直在位到632年，因此也没有重新册封的必要。

自从604年隋炀帝即位以来，史书上就没出现过册封朝鲜半岛诸国的记录。既然隋朝已经不给东亚各国册封了，那倭国不要求册封也就理所当然了。

再说，在倭五王时代里，倭王通过为臣下请求官爵，以中国皇帝的权威为靠山，维持自身对豪族的优势地位，而在遣隋使的时代，倭国的王权已经有了很大成长。当时倭国已经开始建立以天皇为中心的统治制度，又有苏我氏的辅佐，倭王权的统治得以逐渐强化。上文提到的冠位十二阶就以畿内豪族为对象，通过明确群臣的身份序列，达到抬高授予官位的天皇的地位的效果。在这个时代，册封已经不再是稳定统治所必需的手段了。

简而言之,从国内统治以及与朝鲜半岛诸国竞争这两个角度看来,对倭王权来说册封都不再是必不可少的了。

## 到访日本的裴世清的报告

正如上文所述,隋炀帝对倭国的国书并不满意,他在608年派裴世清到倭国训诫倭王。这是继600年以后的第二次训诫。裴世清出身名门,很受隋炀帝的重用,与致力于引进西域商人与使者的裴世矩是同族。

《隋书·东夷传·倭国条》记载倭王对裴世清说了这样一番话:

> 我闻海西有大隋,礼义之国,故遣朝贡。我夷人,僻在海隅,不闻礼义,是以稽留境内,不即相见。今故清道饰馆,以待大使,冀闻大国惟新之化。

按照这条史料的记载,倭国在称赞隋朝皇帝为海西的菩萨天子,但因为国书而导致隋炀帝不悦之后,改用儒家风格的话语,称赞隋朝是礼仪之邦,并表达了要向炀帝谢罪的意思。

《隋书》的记载是以裴世清回国后的报告为基础的,因此有的学者认为并不反映交涉的事实。确实，历史上不乏使者回国后为了避免麻烦而在给皇帝的回报中歪曲事实的例子。但即便如此，裴世清的报告与倭国视隋朝为大国的态度相符，就算他有所夸大，我们也不必怀疑倭国想要道歉的态度。另外，史书中并没有记载当时倭王的名字。

## 《日本书纪》的局限

笔者在上文中一直以《隋书》的记载为中心讨论遣隋使的问题，并没有把《日本书纪》作为分析的对象。

《日本书纪》并没有记载第一次遣隋使，对第二次遣隋使也只是记录了出发而已。

《日本书纪》对遣隋使的详细记载始于小野妹子与隋朝使者裴世清回到倭国。然而我们无法判断《日本书纪》对小野妹子的回国与裴世清的来日的记载到底有多接近历史真实。这是因为《日本书纪》对外交关系的记载反映了编撰该书的7世纪晚期与8世纪早期的对外认知，我们很难把当时人的政治态度与事实分辨开来。

比如说，《日本书纪》中记录了一封隋炀帝写给倭王的以"皇帝问倭皇"开头的国书，但同时又说这封信被百济抢走了。到底百济有没有抢走这封书信呢？我们难以理解《日本书纪》

编撰者的意图，但可以确定该书并没有忠实记载当时的历史。

隋炀帝不可能用"皇"字来称呼倭王，因此那封"皇帝问倭皇"的国书就算存在，其内容肯定也是被《日本书纪》的编撰者篡改过的，这是学界的通说。因此，我们不可能从《日本书纪》中抽取出有关607年遣隋使的事实。从史料价值来说，《隋书》是高于《日本书纪》的。

## 607年遣隋使以后

《隋书》《日本书纪》都记载，裴世清对倭王宣谕后，倭国派遣了使者送他回隋朝，此事发生在608年。《日本书纪》还记载当时派遣了倭汉福因、奈罗译语惠明、高向玄理、新汉人大国四名留学生，以及新汉人日文、南渊请安、志贺慧隐、新汉人广济四名学问僧同行。他们回国已经是618年以后，当时隋朝已经灭亡，唐朝已经建立了。

倭国在610年又派遣了遣隋使。隋朝在当年正月，由裴世矩在首都洛阳组织了一场国际活动，当时有马戏、杂技、相扑、管弦乐队等表演，还允许西域商人在市里做生意（气贺泽保规）。

《隋书》在当年正月二十七日有倭国遣使的记载。我们不能确定这是倭国使者到达隋朝的日期，还是获准谒见隋炀帝的

**图表 2-2　遣隋使一览**

| 次序 | 史料记载的遣使时间 | 主要事件 |
|---|---|---|
| 1 | 600 年到达<br>回国时间不详 | 最早的遣隋使。仅见于《隋书》。受到隋文帝的训诫 |
| 2 | 607 年出发<br>608 年四月回国 | 以小野妹子为使者，鞍作福利为通事（翻译）。见于《隋书》《日本书纪》。呈上以"日出处天子"开头的国书。派遣了留学僧。隋朝派裴世清访日宣谕 |
| 3 | 608 年出发<br>609 年九月回国 | 与裴世清一同回隋朝的使者。见于《隋书》《日本书纪》。以小野妹子为大使，吉士雄成为小使，鞍作福利为通事。派遣了留学生与留学僧 |
| 4 | 610 年到达<br>回国时间不详 | 遣使献"方物"（土特产）。仅见于《隋书》 |
| 5 | 614 年出发<br>615 年回国 | 派遣犬上御田锹、矢田部造等人。仅见于《日本书纪》。当时隋朝已经大乱，使者可能无法入境 |

日期。如果是后者的话，那倭国使者就有可能参加了隋朝主持的大型活动。就算是前者，倭国使者应该也感受到首都依然浓厚的庆典气氛。

然而隋朝在 612 年再次征讨高句丽但遭惨败，之后形势就急转直下，隋朝因而灭亡。以 613 年将军杨玄感叛乱为导火索，隋朝各地都爆发了叛乱。《日本书纪》记载了 614 年倭国派遣的遣隋使，但《隋书》中没有这次使者到达的记录，我们难以判断这次的使者有没有成功入境。

隋炀帝为躲避叛乱前往江南，但于618年被臣下杀害。一年前，李渊在太原起兵，立炀帝之孙为恭帝（617—618年在位）。李渊得知炀帝被杀后，强迫恭帝禅让，唐朝建立，遣隋使的时代就此终结。

第三章

# 十五次遣唐使

每代一次朝贡的实情

第一节

## 从太宗的礼遇到白江口之战（630—663年）

### 唐朝的立国与遣隋留学生归国

第二章末尾提到，倭国在608年遣使陪同隋朝使者裴世清回国时，还派遣了留学生与留学僧各四人。另外，在隋代赴中国学习的还有药师（医师）惠日和胜鸟养，但他们出发的时间不明。倭汉福因、奈罗译语惠明、惠日这三个人的名字都是佛教风格的，很难判断这是他们的本名还是像高向玄理这样的"唐名"（他在倭国的名字是高向黑麻吕）。无论如何，这些人的名字都反映了他们的佛教背景。

倭国留学生、留学僧来到隋朝首都大兴城后，自然会感受到各国商人、使者云集的都城的繁华，这可能让他们更加深切地感受到学习隋朝文化的重要性。我们不知道他们是怎么度过十余年的留学生活的,可能他们偶尔也会碰面,用母语交谈,顺便交换情报吧。可惜的是,他们的太平日子并不长久。

隋朝执意要远征高句丽,这种执念耗光了它的国运。各地爆发的叛乱最终在618年导致了隋朝的灭亡。隋朝一共统治了不到四十年。在战乱发生时,倭国的留学生和留学僧正滞留在大兴城。

618年,李渊即位,改大兴城为长安城,唐朝建立。唐朝得知这些倭国留学僧、留学生的存在后,向倭国发起了最早的交涉。

623年,新罗使者向倭国赠送了佛像、金塔等物。与新罗使者一起来到倭国的是当初派遣到隋朝的留学僧惠齐、惠光以及留学生药师惠日、倭汉福因。他们向倭国朝廷如此报告说:"留于唐国学者,皆学以成业。应唤。且其大唐国者,法式备定之珍国也。常须达。"(《日本书纪》推古天皇三十一年七月条)

惠日等人建议向唐朝派遣使者,其实是转达想要与倭国开展交涉活动的唐朝的意向。唐朝保护了在长安的外国留学生、留学僧的安全,让他们回国转达唐朝的意思。这样做表明唐朝是继承隋朝的正统王朝,同时也表明唐朝要继承隋朝与倭国的关系。唐朝希望倭国能够做出相应的反应。

然而就在一年前的622年,在倭国负责对隋交涉的圣德太子去世了。当时在位的是第33代推古天皇（592—628年在位），但《隋书》中没有提到倭国的君主是女王。倭国没有向隋朝表明自己的君主是女性。正如第二章提到过的那样，在对隋朝的交涉中站在台前的应该是圣德太子。

这可能与儒家政治思想里不认可女性统治国家有关。古代历史学家对后文会提到的唐朝的武则天（690—705年在位）评价并不高，也是因为儒家传统的价值观不认可女性君主。另外，新罗的善德女王（632—647年在位）统治时，唐朝也曾以女性统治可能导致动乱而劝她退位。其他女性因为掌握了高居男性之上的权力而遭批评的例子不胜枚举。倭国正是了解儒家社会不认可女王的存在，才没有把本国朝廷的情况告知隋朝。

## 圣德太子去世导致王权动摇

如果在圣德太子去世后有可以充当直系的男子接掌摄政之位的话，这个人可能可以替推古天皇负责与中国交涉。然而圣德太子死后，群臣就谁充当直系莫衷一是。倭国的王权产生了动摇，倭国也无暇派遣使者访问唐朝。

我们首先梳理一下圣德太子以前直系的情况（图表3-1）。

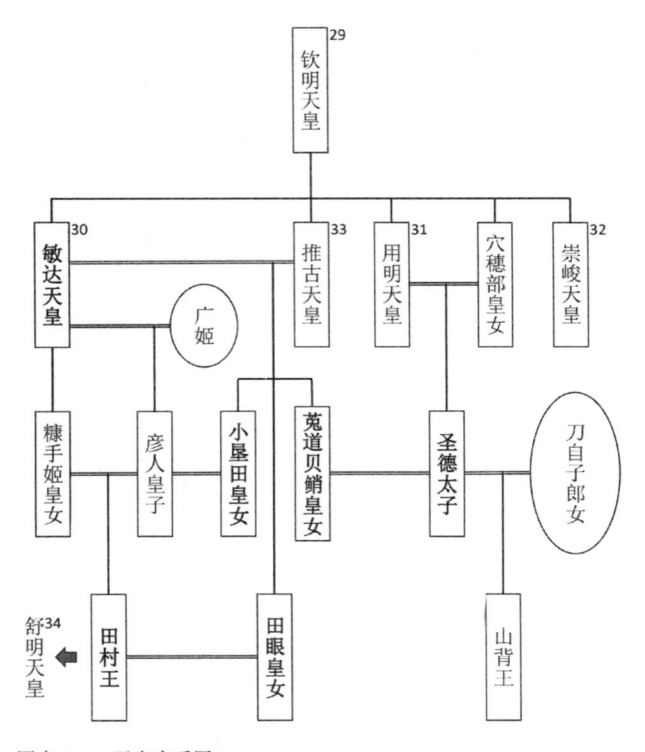

图表 3-1 天皇家系图 2
注：□表示皇族出身，○表示豪族出身，粗体表示父母都是皇族

按照古代直系的伦理，第 26 代继体天皇、第 29 代钦明天皇、第 30 代敏达天皇（572—585 年在位）都是直系，继承直系皇统的应该是敏达天皇与同父异母妹妹额田部皇女所生的竹田皇子。

敏达天皇去世时，竹田皇子尚未成人，因此先让额田部皇女的同母兄长即位，是为第31代用明天皇（585—587年在位），之后又让她的异母弟弟即位，是为第32代崇峻天皇（587—592年在位）作为过渡。然而在此期间竹田皇子去世，过渡的崇峻天皇被杀害后，敏达天皇之妻额田部皇女于592年即位为第33代推古天皇。

推古天皇选择自己的同母兄长用明天皇与异母妹妹所生之子为皇位继承人，这就是圣德太子。圣德太子作为摄政颇有建树，获得了作为直系应有的权威，因此被寄予厚望。另外，圣德太子还迎娶了推古天皇之女，这就从女系继承了敏达天皇的血统。不过，当时的倭国并没有生前让位的做法，圣德太子必须等推古天皇死后才能继位。然而，圣德太子在当了三十年储君后，于622年先于姑母推古天皇死去。敏达天皇还有一个儿子叫彦人皇子，但他的母亲是葛城氏，他不是推古天皇的儿子，另外他很可能在推古天皇即位时已经去世了，因此在选择直系时并没有被纳入考虑范围。不过，我们后面还会提到彦人皇子的子孙。

如果圣德太子与推古天皇之女生有子嗣的话，他的儿子想必会成为皇位继承人。然而他们之间并未生育儿女。结果在推古天皇死后，豪族们围绕皇位继承发生了争斗。

圣德太子长期担任皇储，他的权威自然不容小觑，因此就有人支持让圣德太子的长子山背王为继承人。与之对立的是田村王，他的父母都是敏达天皇的子女。山背王的生母出自苏我氏，从血统上说不如田村王。结果支持山背王的境部摩理势被杀，田村王即位为第34代舒明天皇（629—641年在位）。

舒明天皇即位的第二年，即630年，倭国派遣了第一次遣唐使。使者是犬上御田锹和药师惠日，犬上御田锹担任过614年遣隋使，有过渡海经验，惠日曾经作为遣隋留学生在中国有过长期居住经验。任命他们二人正是因为他们曾担任使者、学生并在中国居住过。惠日的身份尤为重要，唐朝早在623年通过惠日等人邀请倭国朝贡，起用惠日表明倭国虽然拖延但最终还是响应了唐朝的邀请。

## 第一次遣唐使与高表仁访日

立国之初的唐朝其实只是隋末群雄之一。在唐朝的北方，东突厥趁隋朝动乱积蓄了国力，拥有强大的军事力量，又接收了隋炀帝的孤儿，对唐朝虎视眈眈。甚至有学者认为当时的唐朝是臣服于东突厥的属国。唐朝建立后又花了十余年，到了630年、第二代皇帝唐太宗（626—649年在位）的时代才扫清了国内群雄，并攻灭东突厥，解除了北方的威胁。当年正月，逃亡到突厥的隋炀帝之孙被擒，三月，收留了炀帝子孙、以复兴隋朝为大义名分与唐朝敌对的突厥颉利可汗被擒，并被押送到长安。

随着突厥权威的坠落，西域诸国把"天可汗"（腾格里可汗）的称号送给了唐太宗。这是在各游牧民族的君主"可汗"之上的最高称号。由此，唐朝获得了在亚洲的决定性优势地位。

日本于630年八月派遣了第一次遣唐使。当年三月，也就是五个月前，高句丽、百济使者相继访问倭国，把亚洲的最新情况告诉了倭国朝廷。倭国虽然在623年无视了唐朝的邀请，但在舒明天皇即位后王权安定，最重要的皇位继承问题得到解决，因此决定派遣使者。

太宗热情接待了第一次遣唐使。632年十月，遣唐使与太宗的使者一同回国。然而在到达倭国后，使者高表仁却与倭国王（成书于10世纪中叶的《唐会要》称"王"，同样成书于10世纪中叶的《旧唐书》则称"王子"）发生了"争礼"事件。中国史料称，高表仁"无绥远之才，与王争礼，不宣朝命而还"。

## 什么是"争礼"？

"争礼"到底是什么意思呢？过去一般认为，争礼指的是倭国主张在会面时要与唐朝对等，并拒绝唐朝的册封。如果真的发生了拒绝册封这样的事件，那一定是一件大事。过去学者们对"争礼"的讨论主要围绕为何唐朝默许倭国违抗唐朝意志这一问题。

然而,近年榎本淳一的研究却表明,"争礼"其实是使者与国王之间对礼仪的纠纷,他举出了另一个国家的例子。

榎本介绍的是高句丽的例子。按照唐朝断代史《新唐书》(原本已经有一本唐朝断代史《旧唐书》,《新唐书》比《旧唐书》成书晚约一百年,故称"新")的说法,唐朝早期曾派李义琰、李义琛两名使者出访高句丽。李义琰责备高句丽王坐着接见皇帝使者,而李义琛则对坐着的高句丽王俯首礼拜。时人以此评价二人的优劣。

也就是说,所谓"争礼",指的是唐朝使者与各国国王会面时围绕身份上下产生的纠纷。唐朝方面自然希望能通过礼仪让交涉对象国承认皇帝的地位高于本国。话虽如此,使者的首要任务还是传达皇帝的旨意。而高表仁却为了"争礼"而未能传达好皇帝的旨意,因此回国后受到了批评。

关于日本拒绝唐朝册封的讨论,必须有唐朝不得不册封日本才能成立。在立国初期的唐高祖、太宗的时代,唐朝封好几个国家的君主为郡王、德化王(不以地名命名的王号,意为沐浴唐朝的德化),又授予了他们可汗号和将军号。唐朝关注的主要是中亚和北亚,获得郡王号和可汗号的国家也都集中在这些区域。

至于东亚，高句丽、百济、新罗三国在624年正月才获得册封。高句丽在619年，百济、新罗在621年就开始向唐朝朝贡，都在册封之前。但即便如此，对三国的册封却推到了624年，而且是一起册封的。这是因为唐朝对外政策的转变。

## 对东亚政策的转变

这里笔者想讨论一个与日本和唐朝之交涉关系不那么直接的话题，那就是当时中国的对外政策。与唐朝对外政策转变密切相关的是裴世矩（堀敏一）。他早年侍奉隋炀帝，在执行唐对西域的政策时立了功，在隋末动乱、炀帝被杀时裴世矩投靠了新的主君，但在主君被杀后又转投他人，最终在621年仕于唐朝。他频繁改换门庭，看起来好像是个没有节操的人，但他能够屡次被新的主君接纳，也证明了其能力之高。

裴世矩在622年开始获得唐朝的重用。当年，唐朝把被俘的高句丽兵送回，高句丽也放回了他们的俘虏。624年，高句丽派朝贡使入唐，请求下赐历书。这意味着高句丽决定使用唐朝制定的立法，也就是加入唐朝统治下的时空，等同于成为唐朝的臣属。唐高祖接受了高句丽的朝贡，还同时向高句丽、百济、新罗派遣册封使。另外，当时唐朝还把道士（道家的出家人）派到高句丽。唐朝尊道教的教祖老子为皇室的始祖，唐朝积极传播道教的目的就是通过宗教提高自身的权威。后文还将详细讨论这个话题。

在隋朝最后一次出兵高句丽的十年后，唐朝解决了对东突厥的问题，把重点放在了导致隋朝灭亡的高句丽身上。裴世矩深入参与了隋朝的对外政策，对当时的事情了如指掌，唐朝自然要让他参与对东亚各国的交涉。裴世矩是对外政策的智库，当初炀帝讨伐高句丽，就是他想出出兵的大义名分，他还写了一本题为《高丽风俗》的书。他是最清楚出兵高句丽的意义以及失败的原因的人。

送还高句丽俘虏以及同时册封三国、让唐朝与三国间建立起名义上的君臣关系，目的是维持唐与三国间稳定的关系。

下面回到倭国的话题。

在裴世矩策划的唐朝对东亚政策中，是否有必要册封倭国呢？

在隋朝时，裴世矩提出汉朝曾在朝鲜半岛实行郡县制，因此半岛过去曾是中国领土，以此建议讨伐高句丽。唐朝建国后准备发展继承隋朝的东亚政策。倭国既没有被纳入过郡县制，在隋朝也没有获得过册封，唐朝自然没有册封倭国的必要。

上文提到，623年唐朝让遣隋留学生、留学僧经新罗回倭国，想通过他们向倭国提出建立像隋朝时那样的交涉关系。唐朝并没有比隋朝更热衷于册封各国国王，它虽然向倭国提出派遣朝贡使,但唐朝并没有任何必要去积极地册封倭国。

综上所述,倭国王和高表仁的"争礼",与高句丽等国发生过的"争礼"一样,只是针对在仪式场合上上下次序的纠纷,并不是唐朝想要册封倭国,但遭到倭国拒绝这样的"事件"。这种说法仅仅是假说,史书上并没有记载这样的事件。

## 乙巳之变导致的国内动荡

倭国在632年的第一次遣唐使之后,暂停了向唐朝派遣使者。

在朝鲜半岛,高句丽的渊盖苏文(泉盖苏文)于642年杀害了亲唐的荣留王(618—642年在位),拥立了宝藏王(642—668年在位),与百济一同入侵新罗。唐太宗于644年起兵讨伐高句丽,但军队只行军到辽东,在冬季来临前就撤退了。之后在647年、648年也曾派兵讨伐高句丽。

派遣了第一次遣唐使的舒明天皇在641年去世。舒明天皇娶了敏达天皇的曾孙宝皇女,他们生了中大兄皇子和大海人皇子。中大兄皇子又娶了舒明天皇之孙倭姬王。中大兄皇子是继承舒明天皇的理想人选,但当年和舒明天皇竞争皇位的山背王还未死去。虽说中大兄皇子有着前任天皇之子这一有利因素,但他的权威不足以压倒山背王,因此舒明天皇之妻、中大兄皇子与大海人皇子的母亲宝皇女继承了皇位，是为第35代皇极天皇（642—645年在位），以此拖延了直系问题。

皇极天皇统治的三年半中一直没有决定皇位继承人。当时的倭国朝廷和推古天皇时代晚期一样，缺少充当直系辅佐女帝的人。在此期间，遣唐使的派遣也暂停了。

643年，以山背王为首的圣德太子一族遭灭族，皇位继承人问题以这种强硬手段得到解决。《日本书纪》把这一事件的原因归结为苏我入鹿的独断专行，而成书于平安时代早期的《上宫圣德太子传补阙记》（该书参考与圣德太子一族有很深关系的氏族的记录写成）则称，苏我虾夷、苏我入鹿父子，皇极天皇同母弟轻王，以及巨势、大伴、中臣等大豪族的成员均是参与者。

在645年的乙巳之变中，苏我宗家灭亡，皇极天皇以此为契机退位，当初可能参与过肃清山背王的轻王即位，是为第36代孝德天皇（645—654年在位）。另外，舒明天皇与苏我氏之女所生的古人皇子（倭姬王之父）也在乙巳之变中被杀了。

孝德天皇在位时，倭国彻底改革了政治体制，这就是大化改新。这些改革包括公民制、官僚制的建立、国—评—五十户三级行政单位的设立、户籍的制定和征税制度的建立等。过去不少学者认为这些改革是虚构的，但近年通过发掘孝德天皇的首都难波宫，我们发现了朝廷（礼仪空间）、围绕

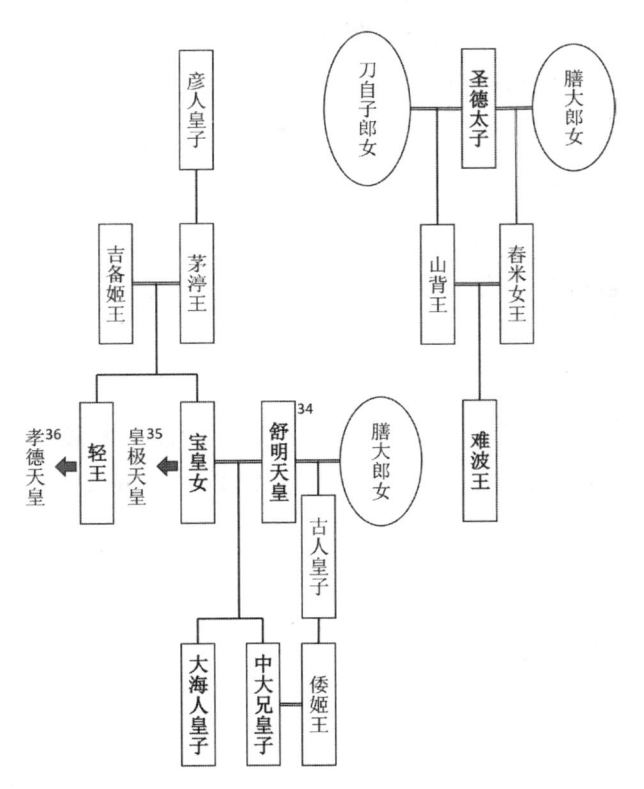

图表 3-2 天皇家系图 3
注：□表示皇族出身，○表示豪族出身，粗体表示父母都是皇族

朝廷的朝堂院（处理政务的地方）以及官衙（仓库和建筑物群）等设施和空间，这些设置与后来实施律令后的日本宫殿是一致的。

650年,这一系列改革告一段落,倭国朝廷下令在安艺国（今广岛）建造大船,这正是遣唐使使用的船。

## 第二、第三次遣唐使——趋于紧张的朝鲜半岛局势

当时,朝鲜半岛的局势开始变得紧张。650年,新罗王向唐朝献上锦缎,上面绣着祈祷唐朝安宁的诗句,并控诉高句丽和百济侵略了新罗的领土,希望唐朝能命令两国归还土地。唐朝答应了新罗的请愿,于651年告知高句丽、百济,说如果不停止侵略新罗,就会对他们采取军事行动。652年正月,朝鲜半岛三国国王一同向唐朝遣使朝贡。

百济和新罗在651年还向倭国派遣了使者。据《日本书纪》记载,新罗使者当时穿着唐朝的朝服。新罗通过这种方法炫耀唐朝是自己的盟友,但对倭国而言,这意味着朝鲜半岛的局势出现了新的变数,给本国带来了新压力。最终倭国并没有允许新罗使者入京,把他遣返回国了。唐朝与新罗结盟,对百济施加压力,对历史上与朝鲜半岛有密切联系的倭国而言是一大冲击。倭国暂时还看不清局势,决定静待良机。652年四月,倭国再次接待了百济、新罗使者,收集了最近情报。次年,即653年,倭国派出第二次遣唐使。第二次遣唐使乘坐两艘船,分别承载大使（吉士长丹、高田根麻吕）和副使（吉士驹、扫

守小麻吕）。

倭国还派遣了留学生和学问僧随同第二次遣唐使入唐。自此到9世纪为止，众多留学生、留学僧在唐朝学习了各种学问。而高句丽则早在625年就提出让使者在唐朝学习道教、佛教知识，并得到了批准。

唐太宗在位时，高句丽、百济、新罗、高昌、吐蕃的王族都有在国子监（为贵族子弟及成绩优秀者设立的中央教育机构）学习。唐朝继承了隋朝的政策，表现出欢迎外国留学生、留学僧的态度，因此东亚各国的留学生、留学僧纷纷聚集到唐朝。唐朝积极提高其文化向心力，而倭国派出留学生、留学僧之举也是响应了唐朝的态度。

第二次遣唐使于654年七月回国，但在他们回国前，倭国就已经在654年二月派遣了第三次遣唐使。担任押使（使节团的最高领袖，地位比大使高）的是曾经作为留学生前往隋朝，并在640年回国的高向玄理。大使是河边麻吕，而副使则是隋朝时的留学生、623年跟随新罗使回国，并进言派遣遣唐使，曾经担任第一次遣唐使的药师惠日。第二次遣唐使的大使、副使都没有留学经验，而第三次遣唐使则与之不同，这必然是因为他们身上肩负着重要的任务，需要任命拥有丰富的知识与经验的人选。第三次遣唐使经由新罗来到了唐朝。

倭国派遣第三次遣唐使的目的是转达倭国支持唐朝主导

的东亚秩序,并发展与新罗的友好关系的意向(铃木靖民)。使者的人选正是考虑到要恰当地向唐朝与新罗传达倭国应对东亚新局势的态度。

高向玄理等人谒见了唐高宗(649—683年在位),回答了有关地理信息等方面的问题,并献上了琥珀和玛瑙。完成任务后,使者们也松了一口气。然而,高宗却命令"王国与新罗接近。新罗素为高丽、百济所侵,若有危急,王宜遣兵救之"(《唐会要》)。使者虽然成功传达了倭国接受唐朝主宰的东亚秩序,并和新罗保持友好关系的意图,但也收到了一项棘手的命令。

高向玄理死在了唐朝。史料没有记载他的死因。而大使河边麻吕则在655年八月回到倭国。

## 卷入百济战争的第四次遣唐使

659年七月,倭国派出了以坂合部石布为大使、津守吉祥为副使的第四次遣唐使。当时皇极天皇第二次统治,史称第37代齐明天皇(655—661年在位),这是她统治的第五年。皇极天皇时代,也就是乙巳之变发生前,倭国没有直系男子担任执政,但齐明天皇时代则不同,她的长子中大兄皇子自大化改新以来已经辅佐、主导政治十年之久,积累了丰富的政治经验。中大兄皇子也已经确立了作为直系的地位。正是因为有中大兄皇子这位直系皇位继承人,也就是可以在对中国交涉中站在台前的人物,齐明天皇才得以派出遣唐使。在国王代际更替的时候派遣使者是朝贡国应有的态度。

第四次遣唐使带着虾夷(日本北方民族)男女二人入唐,这是第一次有虾夷入唐。对倭国而言,此举能够夸耀自身势力的扩张,对唐朝而言,这也意味着比倭国还远的人也仰慕皇帝的仁德,来到唐朝朝贡。倭国希望通过让虾夷朝贡获得唐朝皇帝的欢心,同时也展示自己作为唐朝秩序下的大国之地位。

第四次遣唐使尤为有趣的一点是,《日本书纪》引用了乘坐遣唐使船的下级官吏伊吉博德的部分记录。

按照伊吉博德的记录,遣唐使一行于659年七月三日从难波出发,八月十一日离开筑紫,九月十三日到达百济。离开百济后,遣唐使于九月十六日来到越州会稽县(今浙江省绍兴市)。也就是说,从百济到中国的旅程只花了三天。可见船队经由朝鲜半岛去唐朝是很快的。然而大使的船在离开百济的第二天却遭遇逆风,之后漂流到海岛上,大使被岛民杀害。

遣唐使一行在闰十月十五日到达首都长安,却发现皇帝去了洛阳。他们在二十九日进入洛阳,第二天总算得以谒见唐高宗。当天,高宗询问了倭王的情况,对虾夷朝贡感到非常高兴。使者们还参加了十一月一日举办的庆祝朔日冬至的活动。伊吉博德感叹道:"所朝诸蕃之中,倭客最胜。"[《日本书纪》

齐明天皇五年（659）七月戊寅条］

访问活动在友好的氛围下进行。正当第四次遣唐使准备回国时，却陷入了难以想象的境地。659年十二月三日，使团成员韩智兴被侍从诽谤，结果使团全员被判流放，韩智兴首先被流放到离首都3000里外的地方。之后伊吉博德提出申诉，最终一行人洗脱了罪责，然而高宗却说"国家来年必有海东之政，汝等倭客，不得东归"（《日本书纪》齐明天皇五年七月戊寅条），把一行人软禁在长安。

高宗提到的海东之政指出兵百济。655年，百济与高句丽再度入侵新罗，唐朝在655年、658年、659年三次与高句丽交战，但是战况一直胶着，唐朝决定先讨伐高句丽的盟友百济。

659年，唐朝名将苏定方在镇压塔里木盆地的西突厥叛乱后凯旋。同年年末，高宗下令让苏定方讨伐百济。苏定方的军队在660年三月出发，以水陆两军攻打百济。八月，百济义慈王（641—660年在位）被俘，百济灭亡。

## 百济复兴运动与第四次遣唐使回国

次年九月，百济义慈王被俘与百济复兴运动开始这两个消息一同到达倭国。十月，百济将军鬼室福信向倭国献上俘虏的唐朝士兵，要求倭国把作为人质的百济王族余丰璋送还，并派兵援助。661年正月，倭国朝廷从难波出发，三月到达那津（今福冈市），五月到达指挥百济复兴运动的行宫朝仓宫（今朝仓市）。

遭到软禁的第四次遣唐使使节团身上又发生了什么呢？伊吉博德等人在长安连出门的自由都没有，在那里过了年。到了唐朝灭百济的次月，即660年九月十二日，他们才获准回国，十九日离开长安，十月十六日到达洛阳。

十一月一日，高宗在洛阳接见了百济俘虏，遣唐使目睹了释放百济义慈王的场面。去年的同一天，他们曾经参加过庆祝朔旦冬至的盛大典礼，和那比起来，今天应该是让他们心寒的一天。十一月十九日，唐朝方面接待了他们，慰劳他们过了一年多的软禁生活。二十四日，一行人离开洛阳。虽说他们回国心切，但在长期软禁后又要在冬日里赶路，想必是相当辛苦的。毕竟再过一个月就是正月了，等过了年，参加完新年的活动再回去也可以，但一行人还是在路上寂寞地度过了新年。

遣唐使一行来的时候从越州到长安花了一个月左右，回去时则花了两个月，在661年正月二十五日到达越州。之后等待风向转变，到了四月一日才起航。来的时候他们途经百济，但这时候百济已经不存在了，使者们大概没有在朝鲜半岛停泊，只能在船上思绪万千地眺望百济的故土。五月二十三日，遣唐使在朝仓宫报告了行程,加上软禁一共一年九个月的漫长的第四次遣唐使总算结束了。

一波三折的第四次遣唐使回国后又过了两个月,年事已高的齐明天皇去世了。皇太子中大兄皇子回到飞鸟,于661年十一月举行了齐明天皇的殡(下葬前为遗体特别建造的建筑物被称作殡宫,安放殡宫的礼仪叫殡)。在此期间,中大兄皇子一直在关注朝鲜半岛的局势。齐明天皇去世后不久的九月,他授予百济王子丰璋织冠,让5000名士兵陪同他回国。

## 白江口之战

苏定方率领的唐朝大军从661年五月到662年三月一直忙于攻打高句丽。新罗在622年也给讨伐高句丽的唐朝军队提供了援军和兵粮。倭国认为,唐朝与新罗集中精力对付高句丽的这一时期正是复兴百济的好机会,因此在662年派阿昙比罗夫用170艘船运兵,又送了援助物资。次年三月,倭国派出了讨伐新罗的部队,合共27000人。

然而661年倭国派兵送还百济的王子丰璋却在663年六月以百济王的身份杀害了迎立他的鬼室福信,理由是鬼室福信有谋反之嫌。在内斗当中,倭国援军在当年八月与唐朝留在百济故地的将军刘仁轨、刘仁愿交战,遭遇大败,是为白江口之战。另外，百济王族余隆（义慈王之子，660年与父亲一同被唐军俘虏）也在唐军阵中。

义慈王在位时，余隆是百济的太子，在百济的故土上，他的权威可以盖过丰璋。丰璋长期滞留倭国，远不如余隆熟悉百济的地理环境。倭国军队既不熟悉地形，又没有大规模海战的经验，因此在拥有许多精兵的唐、新罗联军面前毫无优势。结果倭国船只遭到唐朝船只的左右夹击，在海上无法动弹，大量士兵死在海上，燃烧倭国船只的火焰把大海映得通红。同年九月，倭国败军带着想要移居倭国的百济遗民回了国。

倭国为何要在663年不惜与唐朝对抗，派兵援助百济呢？

此前的倭国接受了唐朝倡导的高句丽、百济、新罗和平共存方针。然而唐朝却在660年与新罗结盟消灭了百济。作为盟主的唐朝首先破坏了东亚的国际秩序。唐朝在668年灭亡高句丽后，把包括新罗领土的朝鲜半岛分为三份，建立了两个都督府（管理百济故土的熊津都督府和管理新罗领土的鸡林州都督府）和一个都护府（管理高句丽故土的安东都护府）。然而在663年的时候，倭国并未预料到这样的结果。

唐朝仅凭新罗的一面之词就灭亡了百济，这对与百济有长期友好关系的倭国而言，自然是难以接受的。

研究古代、中世日本对外关系史的森公章认为，倭国当时虽然有与新罗交战的意识，却没有充分准备要和唐朝直接对抗。虽说当时第四次遣唐使被扣留在唐朝，很难说倭国有没有意识到唐朝在朝鲜半岛事务上的存在，但毕竟高句丽也数次与隋、唐交战，倭国可能考虑过先击败唐朝军队，然后对唐朝赔罪，并获得原谅。按照高句丽的先例，就算与唐朝发生了军事冲突，只要以有利条件结束战斗，并在事后赔罪，应该可以得到唐朝的原谅。

第二节

# 唐朝方面的接近与请求改国号为"日本"

## 战后处理——唐朝使者访日

在白江口之战中率领唐军水师的刘仁愿在664年四月派遣部下郭务悰访问倭国。为了避免倭国的过激反应，郭务悰使团大部队先在对马停留。

成书于室町时代的《善邻国宝记》引用《海外国记》（可能成书于8世纪）的佚文，说倭国马上派了有入唐经历的僧人智辩询问来意，郭务悰把刘仁愿的书信交给了智辩。倭国一开始对如何应对使者有分歧，但最终以郭务悰不是皇帝使者，没有携带敕书为由，没有让他入京。

这一决定要到九月才由第四次遣唐使的副使津守吉祥、伊吉博德以及僧人智辩告知郭务悰。十月，倭国又派遣了中大兄皇子的亲信藤原镰足和僧人智祥催促郭务悰回国，郭务悰最终于十二月回国。

遗憾的是，史书并没有记载刘仁愿书信的内容。当时倭国刚刚被唐军击败，又接纳了百济遗民，唐朝自然非常警惕倭国的动向。然而，书信的内容肯定不仅仅是对倭国的威吓。倭国既然拒绝让郭务悰入京，可见他们判断这样做可以迫使唐朝让步。而曾经被唐朝软禁的第四次遣唐使的成员正是既能尊重唐朝意向又可以传达倭国意图的理想人选。

这里有一点值得注意，那就是倭国在四月、九月、十月都曾派出僧人回应唐朝使者。我们在第二章提到，自从中国皇帝表现出对佛教信仰的热心，各国就开始在和中国的交涉活动中加入了各种形式的佛教色彩。倭国在7世纪初也赞颂隋朝皇帝为"菩萨天子"，希望以此成为隋朝世界秩序的一员。起用僧人，是因为倭国与唐朝的关系在白江口之战后恶化，倭国希望强调两国的共同宗教信仰，以此改善关系。

对郭务悰的应对和任用僧人的决定反映了倭国朝廷的谨慎平衡政策，在传达拒绝郭务悰入京的同时尽可能稳妥地处理事态。

## 平定高句丽与接近倭国

665年八月，余隆（百济义慈王的太子）被任命为熊津都督，进入百济旧都熊津，并与新罗王缔结互不侵犯盟约。665年九月，唐朝敕使刘德高到达对马。在664年因为不是敕使而不被允许入京的郭务悰也与他同行。刘德高最终得以入京，并于十二月回国。中大兄皇子为送还刘德高一行又派遣了守大石和坂合部石积，是为第五次遣唐使（送唐客使）（铃木靖民）。

唐朝在此以后也继续派遣使者。667年十一月，刘仁愿派司马法聪送第五次遣唐使坂合部石积回国（但没有提及守大石）。这时候唐还在讨伐高句丽，他的任务恐怕是传达战况，并告诫倭国不要介入战争。中大兄皇子又派伊吉博德和笠诸石送司马法聪到朝鲜半岛。

668年，唐朝任命名将李世勣为讨伐高句丽的总管。同年九月，高句丽被平定。倭国接到消息后，于669年派河内鲸为第六次遣唐使。史书没有记载大使和副使的人选以及使团的构成。中大兄皇子于668年正月即位，是为第38代天智天皇（668—671年在位），因此这是他作为天皇派遣的第一次遣唐使。宋代类书（按照事项进行分类、编撰的书籍）《册府元龟》记载，670年的倭国使者向唐朝祝贺了平定高句丽一事。这表明倭国接受了唐朝创立的东亚新格局。

671年十一月，倭国朝廷收到报告，说对马的僧人道久、筑紫萨野马入朝。道久等人汇报，说郭务悰率领600人带着

1400名百济流亡者访问倭国，此刻正停留在比知岛（具体位置不详）。这是郭务悰第三次访日。唐朝于670年三月在朝鲜半岛设置了都督府和都护府，但之后新罗想要把唐军赶出半岛，双方发生了军事冲突，同时新罗也开始尝试拉拢倭国。唐朝为了防止倭国与新罗联合，开始促使倭国重视与唐朝的关系。

郭务悰没有想到的是，他到达倭国的第二个月，卧病在床的天智天皇就去世了。得知即将要为天智天皇举行葬礼后，郭务悰向倭国赠送了阿弥陀佛像。从倭国派留学僧道久去对马接触唐朝使者以及郭务悰赠送佛像这两件事可以看出，在想要推进友好关系的时候，两国都会以佛教为桥梁。

作为回应，倭国把武器、武具以及大量布匹送给了郭务悰。天智天皇是决定打白江口之战的人，因此战后处理的责任也落到了他身上，应对唐朝使者的方针应该是他死前决定的。天智天皇死后，近江朝廷的核心是天智天皇的长子大友皇子，实际执行的应该也是大友皇子。当时倭国据说已经集结了派往朝鲜半岛的士兵了。

672年六月，郭务悰回国后，天智天皇的弟弟大海人皇子对其侄子大友皇子发动叛乱并获胜，是为壬申之乱。大海人皇子在673年二月即位，是为第40代天武天皇（673—686年在位）。天武天皇与其妻子，同时也是天智天皇之女鸬野皇女，以及长子高市皇子一同启动了激进的政治制度改革,并开始建造倭国最早的都城藤原京。天武天皇明确表明,倭国以后要以中国的政治制度为蓝本,把政治机构集中在都城里,并通过令(成文法)统治全国。

天武天皇自即位起就不断推出改革,但是没等都城建好、令文编撰完毕就于686年去世了。本来应该继承天武天皇的是他与鸬野皇女所生的草壁皇子,但草壁皇子在天武天皇死后的三年后,还没有即位就去世了。

除了鸬野皇女,天武天皇还娶了三个侄女(都是天智天皇的女儿),也和她们育有皇子。既然传统王权伦理认为母亲是皇女的皇子有充当直系皇统的资格,那么鸬野皇女以外的皇女所生之子也完全可以担任直系。然而,鸬野皇女从天武天皇起兵造反到即位之间都帮助丈夫统治,她的地位非同寻常。天武天皇曾经为了祈祷鸬野皇女病愈而建造药师寺,而且药师寺的选址与天武天皇父母舒明天皇、齐明天皇(皇极天皇)建立的大官大寺相对。天武天皇通过这种方法让倭国上下知道他对鸬野皇女的重视。

不只是天武天皇本人特别重视他与鸬野皇女的婚姻,由于鸬野皇女长期辅佐丈夫统治,群臣也非常尊重她。新都是鸬野皇女长年努力的成果,她并不希望自己子孙以外的人坐在新都的王座上。为了让草壁皇子留下的唯一一个儿子(天武天皇、鸬野皇女的孙子）珂瑠皇子长大后可以继承皇位，鸬野皇女在690年即位，作为过渡性的天皇，是为第41代持统天皇（690—697年在位）。

持统天皇继承天武天皇的遗志，于689年颁行《飞鸟净御原令》，694年迁都于藤原京。天武天皇和持统天皇虽然有高超的统御能力，但在位期间并没有派遣过遣唐使。不过此时倭国与新罗的来往比以前更加频繁，两国几乎每年都互派使者，所以天武、持统两朝并不是完全对外国不感兴趣。一般认为，倭国在白江口战败后，潜心于建造新都和整备令制，打算在国家焕然一新前暂停与唐朝的交涉活动。

## 与新罗的关系

正如前文所述，唐、新罗联军在660年八月灭百济，668年九月又灭高句丽。唐朝在两国故土设立熊津都督府和安东都护府，又在新罗领土上设立鸡林州都督府。新罗从670年三月起率领百济、高句丽故土的人民，着手在朝鲜半岛上建立统一的国家。新罗为了避免和倭国的关系恶化，加强了与倭国的交涉联系。天武天皇也赞成终结唐朝在朝鲜半岛上的主导权，因此天武天皇时代两国间有频繁的使者往来。

就这样过了十几年后，两国间的关系出现了裂痕。持统天皇批评新罗派来吊唁天武天皇的使者身份太低，拒绝收下新罗送来的礼品。《日本书纪》记载，持统天皇送还的吊唁礼品包含金铜的阿弥陀佛像，以及伴随在佛像两侧的金铜观世音菩萨像和大势至菩萨像。持统天皇此举本质上也含有谴责新罗完全吞并旧百济领土的意味。

不过，倭国也并不希望恶化与新罗的关系。持统天皇虽然批评了新罗的无礼行为，但也赏赐了大量丝绵给与新罗使一起回新罗的遣新罗留学僧明聪、观智，让他们送给老师和同学。在国家层面交涉趋于紧张的同时，倭国利用倭国僧人与其新罗僧人的师兄弟、同学关系作为补充的交流通道，让两国关系不至于过分紧张（中林隆之）。

完成国内制度整顿的持统天皇在697年立珂瑠皇子为太子，并在八月退位。珂瑠皇子即位，是为第42代文武天皇（697—707年在位）。另外，皇极天皇是第一位生前让位的天皇，持统天皇是第二位，她们刚好都是女性。

701年正月，倭国任命了第七次遣唐使，这时离上一次遣唐使已经相隔了三十二年。使团在次年六月出发，执节使（使团最高负责人）是粟田真人，大使是高桥笠间，副使是坂合部大分。不过不知道发生了什么事情，高桥笠间被免除了大使之位，副使坂合部大分担任了大使，大位（使团有两位判官，其中身份较高者为大位）许势祖父担任副使。使团顺利入唐。

## 《大宝律令》制定后的遣"唐"使

律令的"律"指的是刑法,"令"则是律以外的基本法。701年,即大宝元年,律令制定完毕,因此称作《大宝律令》。该律令以唐朝律令为蓝本,根据倭国的国情加以修改。在此之前,倭国已经有天智天皇时的《近江令》和天武、持统天皇时的《飞鸟净御原令》,而《大宝律令》是第一次完成了律和令的编纂。

大宝律令的施行象征着倭国向唐朝式的中央集权体制迈出了步伐。那么,焕然一新的倭国又要和唐朝建立怎样的关系呢?

从严格意义上说,由粟田真人带领、于702年出发的使节团并不是遣唐使,这是因为当时中国的朝代名从唐改成了周。倭国使者来到中国后才发现改朝换代以及史无前例的女性皇帝武则天的登场,感到大为震惊。史料是这样记载的:

> 初至唐时,有人来问曰:"何处使人?"答曰:"日本国使。"我使反问曰:"此是何州界?"答曰:"是大周楚州盐城县界也。"更问:"先是大唐,今称大周。国号缘何改称?"答曰:"永淳二年天皇太帝崩,皇太后登位。称号圣神皇帝,国号大周。"问答略了,唐人谓我使曰:"亟

闻,海东有大倭国,谓之君子国,人民丰乐,礼义敦行。今看使人,仪容大净,岂不信乎。"语毕而去。(《续日本纪》庆云元年七月甲申条)

唐人口中的"君子国"来自成书于汉朝的《山海经》,据说居民都是衣冠整洁、为人谦让。"人民丰乐"这四个字只有在佛教经典中才完整出现过,意思是如果崇尚佛法,让国土平安,人民安居乐业的一天也就不远了。"礼"和"义"则多见于儒家经典,由此可见,唐人的赞词是由三种来源不同的修辞构成的。

## 粟田真人与武则天

我们无法查证《续日本纪》是否忠实记录了唐人的发言。不过《旧唐书·东夷传·日本条》中记载"真人好读经史,解属文,容止温雅",对粟田真人确实给予了很高的评价。

粟田真人在653年的第二次遣唐使中以僧人的身份入唐,回国后因为才华受赏识而还俗。在日本古代,僧人为了修行需要阅读大量汉文佛经,算是受过高深教育的精英。律令制时代早期,很多僧人还俗后在朝廷做官,发挥他们的学识。粟田真人就是其中之一。

粟田真人被选为使团的领袖还有另一个原因。在唐朝，佛教知识是贵族必备的常识，入唐后，与唐朝贵族交流时就需要用到佛教的基础知识。粟田真人受过良好的教育，又精通佛教知识，还有过入唐经验，是担任大使的最佳人选。

第七次遣唐使做好了准备，终于朝见了"周朝"皇帝。她的名字是武曌，一般称她为武则天，在日本则更多使用"则天武后"这个称号，是中国历史上唯一一个女皇帝。

武则天之父地位并不高，但母亲却是隋朝皇族的后人。武曌一开始是唐太宗的妃嫔，但太宗之子高宗一见钟情，之后就成了高宗的妃嫔，还登上了皇后之位。另外，儿子在父亲死后娶父亲的妻子，是北方游牧民族比较普遍的习俗。

高宗死后，高宗和武则天之子中宗（684年第一次在位）即位，但中宗因为与武则天不和而被废，武则天又立了睿宗（684—690年第一次在位），睿宗也是武则天之子。睿宗在位期间，实权把持在武则天手中。武则天取得了一系列政绩，最终在690年逼睿宗退位，自立为帝。

武则天的政治能力远高于丈夫和儿子们。她不问出身，只要是有才能的人都委以重任，国内统治得以安定。她用了各种手段强化王权，发挥了高超的领导能力，避免了人心离散。不过武则天纵使是一代女豪杰，她也不可能永远统治下去。她在698年把儿子李显，也就是唐中宗重新立为太子。

即便如此，武则天的这个决定并不明智。中宗是武则天儿子中能力最平庸的一个。无论如何，李显复位是705年的事，第八次遣唐使发生在武则天统治的晚期。

## 日本：提出改国号的请求并获得允许

我们回顾一下第七次遣唐使发生的事情。遣唐使首先向武则天提出，倭国希望把国号改为"日本"，并获得了允许。

过去的研究认为，"日本"这一国号意为太阳升起的地方，使用这个国号意味着主张日本与唐朝对等，甚至地位比唐朝更高。

近年在中国发现了推翻这一说法的史料，那就是百济祢军的墓志。墓志是总结死者功绩的文章，一般刻在碑上，放进墓里。祢军是唐朝、新罗联军灭亡百济时参加唐军的百济人。他死于678年。

祢军的墓志中出现了"日本"一词，但那指的是百济。他的墓志是在唐朝制作的，可以说反映了当时中国对"日本"一词的普遍认识。也就是说，在7世纪的东亚，"日本"指的只是相对于中国的极东地区而已。以日本为国号意味着接受以中国为中心的世界观。也就是说，"日本"这一国号显示的是作为极东国家加入以唐（周）为核心的国际秩序的立场。

遣唐使提出请求以"日本"为国号,得到了武则天的许可。朝贡国是不能随意更改国号的,改国号需要得到皇帝的准许。这标志着"日本"向中华,也就是唐(周)朝贡的关系成为定例,绝不是表现与唐朝对等,甚至优于唐朝的主张。

在建造好新的都城、整理好律令之后,日本的目标就是加入唐朝主宰的世界秩序。朝鲜半岛战争进行的时候,武则天还只是皇后,她对日本朝贡使的到来感到相当高兴。

有好几样文物都显示日本朝贡使受到了武则天的款待。其中之一就是法隆寺所藏的"四骑狮子狩文锦"(宽134.5厘米,长250厘米)。这块锦布的外围是连珠重角圆环文,圆环中央画有果树(生命之树),树的两侧上下各有一名骑士,骑着天马,转身向后拉弓瞄准身后的狮子。天马的臀部有写着"吉"字和"山"字的圆形。锦布的制作使用了特殊技法,应该是7世纪晚期,唐高宗、武则天时代设在首都里的宫廷作坊生产的,这些作坊有萨珊波斯宫廷作坊的工匠参与工作(长泽和俊、横张和子)。

遣唐使还获赐了《宝雨经》,这是一本为武则天即位正名的经书。正仓院藏有奈良时代的抄本,里面附上了抄写者在745年五月一日写下的备注,说此经的目的应该是用佛教思想为武则天的即位背书,应该是武则天退位(705年)前从唐朝请来的。除了《宝雨经》,另外一部用佛教为武则天即位背书的著作《大云经神皇授记义疏》也在此时传入了日本。

此外还有奈良国立博物馆所藏《刺绣释迦如来说法图》(劝修寺绣佛)。《刺绣释迦如来说法图》(高207厘米,宽157厘米)是在淡黄色的平绢上,用绢的捻丝使用锁绣和玉绣两种刺绣技法,绣出的56个佛、菩萨的群像。

值得注意的是画面下方中央与释迦相对的女性形象。有学者认为,女性身边的10名僧人表现的是武则天身边的10名僧人,女性就是武则天(大西磨希子)。这是一幅象征周(唐)朝的财富与文化的巨型刺绣佛像。

曾经作为留学僧入唐的粟田真人,应该能够正确理解武则天下赐《宝雨经》《大云经神皇授记义疏》以及《刺绣释迦如来说法图》的意义。

## 稳定的朝贡——遣唐使与年期

从第七次遣唐使以后,日本平均每隔二十年派遣一次遣唐使。840年,唐朝僧人维蠲写给延历寺僧人圆载的回信中有"约二十年一来朝贡",东野治之认为这是"约定每二十年朝贡一次"的意思。

本来,朝贡是应该每年进行的。不过对于路途遥远的国家,每三年、五年、七年一次朝贡也是可以的,这种制度被称作年期制。中国自古以来就为朝贡国定立年期,年期制适用于日本也没什么奇怪的。不过,二十年一次的年期不见于他处。另外,东野关注的维蠲书信中所说的"约二十年"也可能是"大约二十年"的意思,可能只是表达"大约每二十年来朝贡一次"(坂上康俊)。

图表3-3显示,早期的遣唐使除了特殊情况(如白江口之战的战后问题处理、送还唐使的使者、迎接藤原河清的使者等),基本上是每代天皇派一次使者。从这个角度出发,山尾幸久认为,遣唐使的其中一个性质是拥有"交涉权"的天皇每代进行一次的事业。值得注意的是,任命使者的时间点,不是天皇即位后不久,就是在决定继承人的时候。

如果遣唐使的派遣与天皇的世代交替有关,那这其实正是朝贡国应有的态度。过去东野主张的二十年一次的年期制长期以来一直广为人们接受,不过由于缺少可以证明年期存在的史料,现在看来山尾的说法成立的可能性更高。

不过,无论是约定好二十年一次遣使还是世代交替的时候遣使,都意味着日本并没有通过遣唐使提出与唐朝对等的主张,唐朝与日本都认同日本的地位是朝贡国。正如东野所主张的那样,日本遣唐使的性质毫无疑问是朝贡。

图表3-3 遣唐使一览（630—894年）

| 天皇（在位年份） | 次序 | 出发及返回时间 | 使者 | 船数 | 备注 |
|---|---|---|---|---|---|
| 舒明天皇（629—641） | 1 | 630年（舒明天皇二年）出发<br>632年十月回国 | 犬上御田锹<br>药师惠日 | 不明 | 唐使高表仁访日 |
| 孝德天皇（645—654） | 2 | 653年（白雉四年）出发<br>654年七月大使回国 | 吉士长丹（大使）<br>高田根麻吕（副使）<br>吉士驹（副使）<br>扫守小麻吕（副使） | 2 | 派遣遣唐留学僧、留学生 |
| | 3 | 654年（白雉五年）出发<br>655年大使回国 | 高向玄理（押使）<br>河边麻吕（大使）<br>药师惠日（副使） | 2 | 高向玄理在唐朝去世 |
| 齐明天皇（655—661） | 4 | 659年（齐明天皇五年）七月出发<br>661年五月回国 | 坂合部石布（大使）<br>津守吉祥（副使） | 2 | 与虾夷同行。因百济战争爆发，被敕禁在唐朝。有《伊吉连博德书》 |
| 天智天皇（668—671） | 5 | 665年（天智天皇四年）十二月出发<br>667年十一月回国 | 守大石<br>坂合部石积<br>吉士岐弥<br>吉士针间（送唐客使） | 不明 | 送665年七月访日唐使刘德高回国 |
| | — | 667年十一月出发<br>668年回国 | 伊吉博德<br>笠诸石（送唐客使） | 不明 | 送十一月百济镇将刘仁愿所派遣使者司马法聪回百济 |
| | 6 | 669年出发<br>670年（咸亨元年）入朝 | 河内鲸 | 不明 | 贺平定高句丽 |

续表

| 天皇（在位年份） | 次序 | 出发及返回时间 | 使者 | 船数 | 备注 |
|---|---|---|---|---|---|
| 文武天皇（697—707） | 7 | 701年（大宝元年）正月任命<br>702年六月出发<br>704年七月执节使回国 | 粟田真人（执节使）<br>坂合部大分（副使→大使）<br>许势祖父（大位→副使）<br>（原本以高桥笠间为大使） | 不明 | 请求改国号为"日本" |
| 元正天皇（715—724） | 8 | 716年（灵龟二年）八月任命<br>717年（养老元年）出发<br>718年十月押使回国 | 多治比县守（押使）<br>大伴山守（大使）<br>藤原马养（副使）<br>（原本以安倍安麻吕为大使） | 4 | 参拜孔子庙，寺观后回国。阿倍仲麻吕、吉备真备、玄昉入唐 |
| 圣武天皇（724—749） | 9 | 732年（天平四年）八月任命<br>733年出发<br>734年大使回国 | 多治比广成（大使）<br>中臣名代（副使） | 4 | 获赐"日本国王主明乐美御德"敕书。唐人袁晋卿、皇甫东朝、道璿、婆罗门僧菩提儋那、林邑僧佛彻、波斯人李密翳来日。荣叡、普照等入唐。吉备真备、玄昉回国 |
| | — | （746年任命） | 石上乙麻吕（大使） | — | 仅见于正仓院文书之《经师调度充帐》《怀风藻·石上朝臣乙麻吕传》。中止 |
| 孝谦天皇（749—758） | 10 | 750年（天平胜宝二年）九月任命<br>752年出发<br>753年十二月副使回国 | 藤原清河（大使）<br>吉备真备（副使）<br>大伴古麻吕（副使） | 4 | 与新罗使争朝贺席次。鉴真来日。原清河与阿倍仲麻吕回国时遭遇风暴 |

续表

| 天皇（在位年份） | 次序 | 出发及返回时间 | 使者 | 船数 | 备注 |
|---|---|---|---|---|---|
| 淳仁天皇（758—764） | 11 | 759年（天平宝字三年）正月任命 同年二月出发 761年八月回国 | 高元度（迎藤原清河使） 仲石伴（大使） | 1 | 迎接藤原清河的使者。经由渤海入唐。清河不被允许回国。沈惟岳送使者回国。唐朝要求日本送牛角 |
| | — | （761年十月任命） | 藤原田麻吕（副使）（原本以石上宅嗣为副使） | — | 送牛角及唐使沈惟岳回国的使者。次年船毁于难波，中止 |
| | — | （762年四月任命） | 中臣鹰主（送唐客使） 高丽广山（副使） | — | 送唐使沈惟岳的使者。同年中止 |
| 光仁天皇（770—781） | 12 | 775年（宝龟六年）六月任命 777年六月出发 778年十月第三船回国 | 小野石根（持节副使） 大神末足（副使）（原本以佐伯今毛人为大使，大伴益立、藤原鹰取为副使，但没有起行） | 4 | 大使佐伯今毛人称病不起行。回程中副使小野石根、唐使赵宝英死亡 |
| | 13 | 778年十二月任命 779年出发 781年六月回国 | 布势清直（送唐客使） | 2 | 送唐使孙兴进 |
| 桓武天皇（781—806） | 14 | 801年（延历二十年）八月任命 803年四月出发 804年七月再次出发 805年六月大使回国 | 藤原葛野麻吕（大使） 石川道益（副使） | 4 | 参加了805年元日朝贺，目睹唐德宗（779—805年在位）去世。最澄、空海、橘逸势、灵仙入唐 |

续表

| 天皇<br>(在位年份) | 次序 | 出发及返回时间 | 使者 | 船数 | 备注 |
|---|---|---|---|---|---|
| 仁明天皇<br>(833—850) | 15 | 834年(承和元年)正月任命<br>836年五月出发<br>837年七月再次出发<br>838年六月第三次出发<br>839年八月大使回国 | 藤原常嗣(持节大使)<br>小野篁(副使)<br>(小野篁因拒绝乘船而被判流放) | 4 | 承和三年、承和四年渡海失败。圆仁、圆载等入唐。雇佣新罗船回国 |
| 宇多天皇<br>(887—897) | — | (894年即宽平六年八月任命) | 菅原道真(大使)<br>纪长谷雄 | — | 终止 |

注：出发时间用括号标注表示没有派遣；最终没有出发或没有到达唐朝的使者不算入次数；同一次遣唐使的不同船的可能分批回国，表中只记载最早回国的批次。

第三章　十五次遣唐使

## 遣唐使船——航路与四船的构成

从第七次遣唐使起，遣唐使就不再使用过去一直走的，经过壹岐、对马到达朝鲜半岛，沿着朝鲜半岛西岸北上的路线（北线），而是从五岛列岛经东海进入中国（南线）。学者的解释是，这时候日本与新罗关系恶化，因此不能经过新罗沿岸，而采用了南线。

不过700年前后，日本与新罗之间虽然产生了新问题，两国的政治交往却没有停止。况且新罗是接受唐朝册封的国家，它会不会阻止日本朝贡也是很有疑问的。与此相比，我们更应该考虑的因素是，日本当时可能开始意识到五岛列岛作为通向中国，尤其是长江口一带的中转站的重要性。

顺便一说，过去学界认为这一时期的遣唐使采用了经过种子岛、屋久岛、吐火罗、奄美、德之岛、冲绳、久米岛、石垣岛横渡南海的路线（南岛线）。752年的第十次遣唐使回国的时候确实是从苏州出发，经过了冲绳，然后向北进发。不过没有任何一次遣唐使在出发当初就打算采用这条路线。现在一般认为，南岛线只是因为突发事件才选择的特殊路线。

第七次遣唐使派出的船只的数目不明，也没有遇难的记录。从第八次遣唐使到第十五次遣唐使，除第十一次遣唐使（迎藤原清河使）和第十三次遣唐使（送唐客使）外，每次遣唐使都由四艘船组成，不过只有第八次遣唐使的四艘船都平安回国了。

## 连续两代女性天皇与第八次遣唐使

我们回到《大宝律令》制定后的皇位继承这个话题。

第42代文武天皇在持统天皇的满心期待下即位，但他在707年就英年早逝了。不幸中的万幸是文武天皇有一个儿子，名叫首皇子。不过当时首皇子年仅7岁，难以马上即位。为了保护天武天皇、草壁皇子、文武天皇这一系直系继承，女性皇族再次担起了皇位过渡的职责。

在首皇子成年前，首先由他的祖母阿闭皇女即位，是为第43代元明天皇（707—715年在位）。

首皇子在714年六月时元服，时年14岁，同年被立为太子。次年九月，他的祖母元明天皇退位，不过继位的并不是首皇子，而是他的姑妈冰高皇女，是为第44代元正天皇（715—724年在位）。

首皇子之父文武天皇也是15岁即位，因此715年15岁的他没能马上即位并不是年龄问题。真正的问题是他的生母。

自5世纪以来，生母是皇族的皇子更被认可有资格担任直系继承人。而首皇子的生母却是藤原氏。这时候天武天皇的

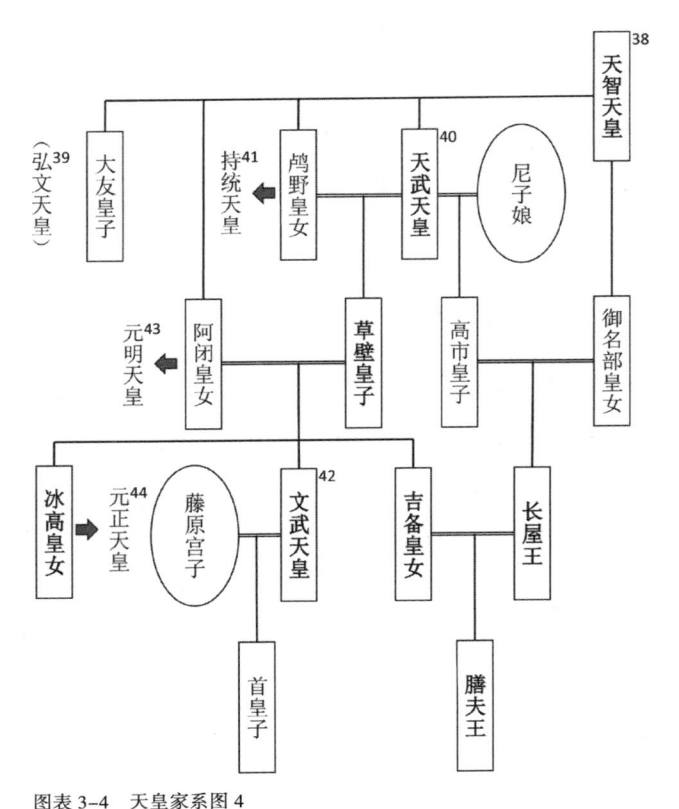

图表 3-4 天皇家系图 4
注：□表示皇族出身，○表示豪族出身，粗体表示父母都是皇族

皇子中还有人健在，他们是有力的皇位竞争者。按照日本古代的王权伦理，首皇子的继位不容易获得多数人支持，因此有必要向群臣表明首皇子适合担任天皇。因此此时由姑妈继位，首

皇子继续担任皇太子。

虽然没能马上即位，但大家都认可立为太子的首皇子是直系继承人。既然直系继承人已定，于是朝廷在716年八月任命了第八次遣唐使。遣唐使中身份最高的押使是多治比县守，大使是安倍安麻吕，副使是藤原马养。但在次月，大伴山守接替了大使的地位，史书也没有说明原因。717年，遣唐使乘着四艘船出发了。

使团的四艘船都平安来到了唐朝。十月十六日，唐玄宗（712—756年在位）下敕，设宴款待日本使者。玄宗是睿宗的儿子，也就是武则天之孙。他是唐朝中兴的明君，但晚年宠爱杨贵妃，最终导致唐朝没落。

718年十月二十日，大宰府\*报告了多治比县守回国的消息。十二月十三日，使者入京，他们穿着玄宗赏赐的朝服参加了次年的正月朝贺。

唐朝的朝服按照品级在材质、颜色上都有区别，唐朝下赐朝服给使者就意味着使者获得了唐朝的品级。他们穿着朝服参加朝贺，意味着日本官方都认同遣唐使成立的前提是向唐朝臣服。即使日本没有接受唐朝的册封，只要派遣了遣唐使，就意味着臣属于唐，这在当时的统治阶层看来是理所当

---

\* 公元7世纪后半叶设立于九州筑前国（今福冈县西北部）的地方行政机关。

然的。

跟随第八次遣唐使入唐的学生、学问僧中有主导奈良时代后期政治与佛教的吉备真备和玄昉，以及在唐朝当了一辈子官的阿倍仲麻吕。这些留学生、留学僧大名鼎鼎，但我们对最重要的使者的动向却所知甚少。《旧唐书·东夷传·日本国条》记载，使者们希望能学习儒学，玄宗下令在鸿胪寺教授他们。使者还把精力放在了购买书籍上。

我们还知道他们申请参观孔庙、寺庙、道观，并得到准许。日本既然派遣了学问僧学习佛教知识，那就表明他们信仰佛教的立场，参观寺庙也没什么奇怪的。另外，当时日本正在整理律令制，律令制的基础就是礼制，为了理解礼制，参拜孔庙并了解释奠的方法也是很有必要的。

问题在于，他们为何要参拜道观，也就是道教寺庙呢？

## 唐朝重视的道教

唐代的道教指的是"道的学说"，"道"指的是神格化的老子，这是中国汉民族的本土宗教。"道教"这个词语最早出现于5世纪中叶。5世纪初，中国北方的北魏曾经利用道教作为意识形态强化皇帝的权力，但后来北魏也转而信奉佛教，道教有被佛教压倒的倾向。

到了唐朝，唐朝皇帝把老子尊为宗室的始祖，在官方立场上最尊崇道教。因此，道教和佛教一样，都影响了中国与各国的对外关系活动。

上文提到，唐朝在624年册封高句丽的时候就曾经派出道士。小幡满研究过道教在唐朝对外关系中的影响，他认为唐朝把道教作为册封的辅助手段，通过让高句丽接纳道教而尝试构建两国间的稳定关系。《三国史记》记载，高句丽在次年向唐朝遣使，提出希望学习佛教和道教知识。此外，当渊盖苏文在642年杀害荣留王，拥立宝藏王并因此导致与唐朝关系恶化的时候，高句丽就曾提出请求唐朝派遣道士以缓和紧张的关系。

717年，东北亚游牧国家奚遣使入唐，提出请求参拜寺院与道观，并在东西两市交易，获得了唐朝的准许。奚使者来朝的背景是突厥第二帝国的混乱。奚在7世纪末从属于突厥第二帝国，但在716年反叛并归顺唐朝。奚使在717年请求参拜道观正是要为了迎合玄宗重视道教的宗教政策。不过奚使和高丽使一样，都同时提到了道教和佛教。由此可见，就算玄宗尊崇道教，但为了促进与中国的良好关系，佛教依然是需要强调的，这已经是各国的常识。

717年出发的第八次遣唐使之所以在孔庙和佛寺以外还请求参拜道观，也是考虑到道教在唐朝与外国交涉中发挥影响力的趋势。使臣提出参拜道观无疑会博得尊崇道教的唐玄宗的好感。通过遣唐使的举动,日本也能够在玄宗心目中留下热心于道教信仰的印象。

## 圣武天皇即位与招徕外国人的任务

724年,皇太子首皇子总算即位,是为第45代圣武天皇(724—749年在位)。圣武天皇即位后并没有马上派遣遣唐使。在此期间,日本发生了一系列波及王权的重大事件,包括立年仅两个月大的某王为太子,但太子随即死去,之后又发生了长屋王之变。

729年,日本发现一只龟甲上写着"天王贵平知百年"的乌龟,改元为天平,随即藤原光明子被立为第一位豪族出身的皇后。藤原光明子除已经死去的太子外没有生下其他子嗣,而圣武天皇的另一位夫人县犬养广刀自则生了一名皇子(安积亲王),但即便如此,他还是立了藤原光明子为后。通过立后,圣武天皇表明了自己期待日后诞生的光明子之子能够担任直系继承人。

正如图表3-5的家系图所示,圣武天皇并没有娶皇族出身的女子为妻。按照8世纪以前的传统,天皇和皇女(在律令制下则是内亲王)所生的男子才是正统的直系,这种观念是根

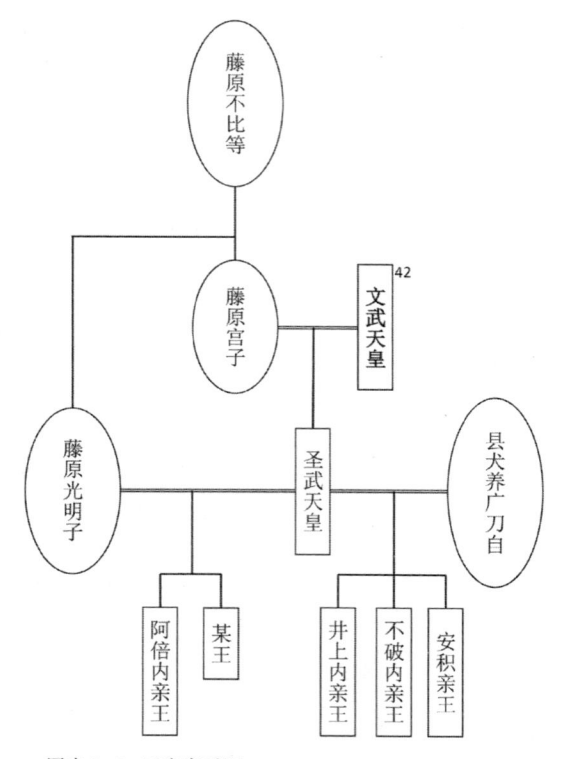

图表 3-5　天皇家系图 5
注：□表示皇族出身，○表示豪族出身，粗体表示父母都是皇族

深蒂固的。

不娶皇族出身者为妻的做法始于圣武天皇之父文武天皇的时代。文武天皇的妻子中有石川氏、纪氏的女性，但最终被

选为皇太子的是藤原宫子之子首皇子。从那时起，藤原氏就获得了作为王权伴侣的特殊地位。天皇迎娶皇女，并以皇女所生男子为直系的传统，在文武天皇的时代被放弃了。

改元天平的第二年，即730年三月，圣武天皇下诏，命令奖励培养通译。颁布这道诏书的背景应该是希望能强化交涉活动。732年八月，他任命了大使等人员，九月下令建造遣唐使船。

第九次遣唐使的大使是多治比广成，副使是中臣名代。733年四月，船只建造完毕，遣唐使在难波出发。遣唐使的成员中还有荣叡、普照两名僧人，他们向鉴真发出了来日的邀请。这次遣唐使的任务之一是招徕各种有一技之长的外国人。唐人袁晋卿、皇甫东朝和道璿，以及婆罗门僧菩提僊那、林邑僧人佛彻和波斯人李密翳等人都在遣唐使的邀请下来到了日本。

当时被延请至日本的人中并没有道士。日本对引入道教一事持消极态度。如前所述，唐朝皇帝认道教祖师老子为帝室始祖，古代日本人似乎认为信奉道教相当于引入唐朝帝室的祖先崇拜。虽然上一次遣唐使提出了参拜道观的请求，但日本并没有打算招徕道士，在日本推广道教。

第九次遣唐使于734年十月从苏州出发回国，大使乘坐的第一船在734年十一月到达种子岛。然而副使中臣名代乘坐的第二船却遭遇风暴，漂回了唐朝。中臣名代为了顺利回国，向玄宗提出下赐"老子经本"（指的是玄宗亲自作注的《道德经》）。结果他获得玄宗的援助，平安回国。不过他的这一举动在后来却导致了难以预料的后果。

另外，日本在746年正月也打算派遣遣唐使，但最终没有成行。遣使的目的与中止的理由都无从得知。

第三节

## 用佛教取悦崇佛的唐朝

鉴真来日与拒绝道教

### 特殊的女天皇孝谦天皇的即位

749年，圣武天皇出家并让位给他与光明皇后唯一的女儿阿倍内亲王，是为第46代孝谦天皇（749—758年在位）。圣武天皇是第一个在位期间出家的天皇。此外，在他以前虽然也有生前让位的天皇，但正如上文所述，那些都是女性天皇，圣武天皇是第一个生前让位的男性天皇。

在日本古代，内亲王（皇女）成为天皇基本上都是为了让自己的儿子、孙子或者侄子顺利继位而担任过渡性的天皇（推古天皇、持统天皇、元明天皇、元正天皇）。如果女性天皇已婚，那她的配偶只能是天皇，从来没有配偶不是天皇的内亲王成为天皇。如果女性天皇未婚，那她在在位期间以及让位后都不会结婚。这是因为时人认为皇位要通过父系继承,没有人期望女性天皇通过婚姻生出下一代天皇。

孝谦天皇也是终身未婚。这一点和未婚即位,让位后也一直未婚的元正天皇一样。不过元正天皇没有当过太子,而孝谦天皇则在738年被立为太子。而且元正天皇即位时已经有首皇子(即圣武天皇)作为直系继承人,而孝谦天皇即位时还没有能够担任直系继承人的人选。出现这种情况是因为人们本来料想藤原光明子可以再次诞下男婴,但最终在没有可以继承皇位的男性的情况下就不得不让位,圣武天皇直系继承的设想走进了死胡同。

我们梳理一下女性天皇与遣唐使的关系。在飞鸟、奈良时代,在位期间没有派遣遣唐使的天皇有六位,分别是第33代推古天皇(统治后期)、第35代皇极天皇、第40代天武天皇、第41代持统天皇、第43代元明天皇(707—715年在位)、第48代称德天皇(764—770年在位)。天武天皇在位时忙于整备国内制度,因此没有遣使,除此以外没有派遣使者的天皇都是女性。

上文提到,推古天皇(统治后期)和皇极天皇是因为没有直系继承人,因此缺少可以在对唐交涉中站在台前的皇族男性,所以没有遣使。另外,元明天皇和称德天皇也都符合这种情况。她们在位的时候,被视为继承者的首皇子和他户王(称德天皇之侄，后述）尚未被立为太子，不能代表天皇走上对唐交涉的舞台。因此元明、称德两位天皇没有派遣遣唐使。

不过，孝谦天皇在位时，虽然直系继承人尚未确定，但却在750年任命了第十次遣唐使。这可能和孝谦天皇的特殊情况有关。

孝谦天皇虽然是过渡性的女性天皇，但她是唯一的直系权威，她很可能认为自己在位期间很有必要进行遣唐使这种每代一次的盛事。而且当时她的父亲圣武天皇健在，就算出现了交涉问题，也是可以把父亲搬到台前代为处理的。

## 拒绝道士招徕与鉴真秘密渡海

第十次遣唐使的大使是藤原清河，副使是跟随上次遣唐使回国的吉备真备和大伴古麻吕，一行人在752年出发。

广为人知的是，这次遣唐使在朝贺时曾与新罗使者争席次。《续日本纪》记载了大伴古麻吕回国后的报告，他是这么说的：参加朝贺的各国使者在宫殿的东西两边各站成一排，东边的首席是新罗，西边的首席是与唐朝争夺中亚霸权的吐蕃。副使大伴古麻吕提出了强硬主张，认为新罗自古以来向日本朝贡，因此日本应该在新罗之上。最终新罗被调到了吐蕃之后。

日本所要求的东侧首席的位置，是离玄宗最近的位置，也就是在东方各国中唐朝最尊重的朝贡国的地位。日本的要求是在认可唐朝的绝对优先,强调自身对唐朝忠诚的前提下提出的。日本对新罗的优先地位是在此之下的主张。

另外,第十次遣唐使最有名的事情是,他们寻访能够教授戒律的高僧,最终把鉴真招揽回国。大使藤原清河请求玄宗准许鉴真赴日,而玄宗则提出如果要鉴真渡日,则要同时派遣道士。过去的研究认为,玄宗是因为日本只热心佛教而不尊崇道教,所以才命令道士同行,但是史料并没有提到玄宗对日本的道教信仰状况不满。

那么,玄宗到底为何提出要让道士同行呢?这是因为玄宗在位期间入唐的前两次遣唐使都参拜了道观,还请求下赐玄宗亲自作注的《道德经》。在玄宗看来,日本应该对引入道教很感兴趣。应该说,玄宗的提议是出于好意。

如果接受玄宗的提议,延请道士到日本的话,那日本之前缺少道教信仰的事情就会被唐朝知道。这么一来,唐朝就会发现前两次遣唐使表现出对道教的兴趣只是表演而已。因此,使者拒绝了让道士来日,同时也取消了鉴真来日的请求。

在大使藤原清河取消了向玄宗请求允许鉴真来日后,鉴真提出秘密前往日本,藤原清河也答应了。不过可能是因为唐朝察觉了鉴真秘密渡海的计划,藤原清河只好让鉴真下船。毕竟遣唐使的首要任务是和唐朝建立并发展友好关系,藤原清河的决定也是理所当然的。最终,鉴真偷偷上了副使大伴古麻吕的船,并在753年末终于来到日本。

自742年十月受到荣叡、普照的邀请,鉴真就下定决心要前往日本,自那时起已经过了整整十一年,并经历了五次渡日失败。第二次和第五次渡日都是成功上了船,但因为遭遇海难而折返,其余几次都是在计划阶段就失败了。在唐朝,人们未经政府允许不得出国,鉴真没有得到允许,所以只能秘密渡海,其原因是他的计划曝光并遭到禁止。他第五次渡海失败时荣叡去世,而普照则因为多次失败而离去了。鉴真在第六次尝试时总算踏上了日本的土地,他当时应该无限感慨吧。

鉴真渡日后做的第一件事是为圣武太上天皇、光明皇太后、孝谦天皇授予菩萨戒(《唐大和上东征传》)。三人受戒的先例是鉴真的师父辈曾为唐朝皇帝(武则天、中宗、睿宗)受戒。

当时用于授菩萨戒的经典是《梵网经》。因为经中推崇儒家思想的孝,因此被认为不是从梵语翻译,而是中国人所写,也就是伪经。圣武太上天皇、光明皇太后、孝谦天皇三人受戒的依据也是《梵网经》。《梵网经》中提到,国王应该受菩萨戒,以此得到佛教的加护。通过受菩萨戒,圣武太上天皇、光明皇太后、孝谦天皇三人成为主导佛教信仰的菩萨,并得到佛教的加护。

## 各国遣唐使与佛教

回到之前的内容。提议道士渡日的玄宗是如何看待日本请求让鉴真渡日的呢？

玄宗在唐朝皇帝中是相当优待道教的一位。这除了因为他信奉道教，还因为佛教在武则天掌权以来，在中宗、睿宗两朝势力极大增长，他需要反制佛教的势头。他先是在714年强制三万名僧尼还俗，之后相继发布了禁止僧人出家、禁止新建寺院、禁止在市里买卖佛像和经书等打压措施。玄宗如此打压佛教，而日本则热衷于接纳佛教，玄宗对日本不满好像也是理所当然的。

然而事实却恰好相反。佛教在唐朝依然是中国与各国交涉活动的思想基础的一部分，而且在玄宗统治期间，也就是712—756年间，佛教出场的频率最为频繁。下文将介绍玄宗在位期间以佛教为关键词的对唐交涉事例。

720年，南天竺为唐朝建立了寺院，向唐朝请求寺院的寺额。对此，玄宗赐名"归化"并下赐了寺额。这个名字的意思是释迦诞生的天竺为唐朝建立寺院，以此认同向中国"归化"。

在南天竺遣使以后，在玄宗在位期间，天竺与西域诸国多次以僧人为使者访问唐朝。先说结论，这些国家都是出于类似的目的起用佛教僧人为使者的。图表3-6列举了此类的事例。

**图表 3-6  派遣僧人访问中国的事例（玄宗在位期间，712—756 年）**

| 派遣年份 | 派遣国家 | 内容 | 史料 |
|---|---|---|---|
| 729 | 吐火罗（中亚） | 以僧人为使者，献上各种药物 | 《册府元龟》 |
| 731 | 中天竺（印度） | 以僧人为使者 | 《旧唐书》 |
| 733 | 喀什米尔（中亚） | 以僧人为使者，呈上上表文 | 《册府元龟》 |
| 745 | 吉尔吉特（中亚） | 以僧人为使者；唐朝授予该僧人右金吾卫员外中郎将，让其回国 | 《册府元龟》 |
| 746 | 斯里兰卡 | 以僧人为使者，赠上抄写在贝叶上的梵语《大般若经》一部等物 | 《册府元龟》 |
| 748 | 吉尔吉特（中亚） | 国王与僧人来朝，授予僧人鸿胪员外卿，让其回国，留国王为宿卫 | 《册府元龟》 |
| 750 | 迦毕试（中亚） | 以僧人为使者，请求唐朝遣使，遂以宦官为使者派往该国 | 《佛说十力经》《大唐贞元新译十地等经记》 |

注：笔者制表。

藤善真澄在中国佛教史的研究中做出了很大贡献，森安孝夫则是引导中亚史学的研究者，他们都考察过这些遣使事例的背景，他们的研究有很大的参考意义。

藤善真澄指出，南天竺在 720 年为唐朝新建寺庙，请求下赐寺额的时候，还同时请求为南天竺讨伐大食、吐蕃的军队赐名，由此可见，南天竺在战争与佛教两方面都企图与唐朝建立联系。

森安注意到，从8世纪10年代到30年代，穆斯林势力日益扩大，面对这种情况，帕米尔山脉周边诸国、萨珊波斯的流亡政权或者其残党，还有聂斯脱利派基督徒等集团频繁向唐朝遣使、朝贡。他由此推断，与这些国家、势力密切相关，有时互为表里的佛教、琐罗亚斯德教、聂斯脱利派基督徒、摩尼教等结成了当地的反穆斯林势力。

结合两者的观点，自8世纪20年代起，中亚、西亚、南亚各国以反吐蕃、反穆斯林势力的立场向唐朝遣使，而且各地的佛教界也参与了这一动向。

确实有史料显示，当时的中亚、西亚、南亚各国因为遭受吐蕃或穆斯林势力的入侵，多次寻求与唐朝建立军事互助关系。同时，唐朝在玄宗的统治下国家安定，正希望扩大军事影响力。各国因此以僧人为使者，以共同信仰的佛教为背景加深与唐朝的友好关系，希望与唐朝建立军事互助关系，或者是改善与唐朝的关系。

## 崇佛国王的形象宣传

应对各国的举动，玄宗做出了怎样的反应呢？

720年南天竺入朝时，唐朝的反应在上文中已经介绍过了。唐朝通过承认南天竺的"归化"，承认了南天竺希望通过佛教成为中华世界一分子的态度。由此可见，自从玄宗统治的初期，他就对基于佛教的国家关系持肯定态度。

731年，中天竺以僧人为使者入朝，玄宗任命出身于中天竺王族的僧人金刚智为返礼使（他在720年与南天竺使者一同入唐，但在出国前死去）。此外，玄宗高度礼遇中天竺王，赐其姓李，授予了游击将军的称号。

对希望与唐朝在军事、佛教两方面建立关系的南天竺、中天竺两国，唐朝展现出了接纳的态度。

除了因为臣服吐蕃而受到唐朝讨伐的吉尔吉特，各国的交涉活动基本上都得到了唐朝的友好回应。

佛教在玄宗时期对外政策的重要性，到了玄宗统治后期更加提高了。746年，斯里兰卡使者密教僧侣不空滞留在鸿胪寺，玄宗从他那里接受了灌顶的仪式。灌顶就是把水灌在受礼者的头顶上，是古代印度国王即位时最重要的一个元素。玄宗之所以要受灌顶礼，是要把自己塑造成像古代印度国王一样有佛教合法性的崇佛国王，并向国内国外宣传。玄宗从不空受灌顶礼，可能是要获得作为反吐蕃、反穆斯林势力盟主相应的佛教合法性，通过佛教加强在这些地区的影响力。

总而言之，中亚、西亚、南亚各国因为受到了吐蕃及穆斯林势力的入侵，通过派遣僧人出使唐朝，以佛教为手段建立与唐朝的良好关系，吸引唐朝介入反吐蕃、反穆斯林的战争。玄宗对这些国家的意图也表现出了友好的态度。

753年日本提出请求让鉴真渡日的时候，玄宗不可能对此感到不满。虽然日本拒绝了接纳道士，但日本的行为是以佛教在唐朝的优越性为前提的，玄宗必然会持肯定看法。

## 安史之乱——唐朝陷入混乱

在稍早之前的唐朝太宗、高宗时代，也就是626—683年，唐朝的领土东至辽东半岛，西至帕米尔高原，南至越南，北至天山山脉，这是唐朝版图最大的时候。然而唐朝的统治并不是一直维持安定。武则天试图改朝换代但遭遇失败，之后经历中宗、睿宗、玄宗三朝，西域有突厥第二帝国、吐蕃、突骑施等国崛起，唐朝和它们时战时和，东亚则在渤海国建立后形成了渤海与唐朝对立的态势。不过，唐朝在亚洲国际关系中的优越地位暂时还未动摇。

当时，玄宗有一名宠臣，他的母亲是突厥人，父亲是粟特人（以帕米尔高原西部的粟特地区为据点主导丝绸贸易的民族），他一边从事国际贸易，一边熟悉军事技能，玄宗任命他为节度使（唐朝派遣到边境的各地军政长官）。他就是安禄山。安禄山把契丹、奚和粟特系突厥人收为己用，在755年以除奸臣为名起兵反叛，很快攻陷了洛阳，并在次年正月即位为大燕皇帝。玄宗派大军到洛阳讨伐他却被击败，只能逃难到四川。

逃离长安后，在途中与玄宗分开行动的皇太子去了灵武，在当地即位，是为唐肃宗（756—762年在位）。当时玄宗并未退位，因此这实际上是一场政变。肃宗长子代宗凭借回鹘援军在763年平定叛乱，而在此之前，安禄山早在757年被杀，而安禄山的部下、在安禄山死后率领叛军的史思明也在761年被杀。然而，乱后的唐朝已大不如前。回鹘与吐蕃两大帝国不断入侵，唐朝的对外影响力和领土都在日益萎缩。

日本在758年十二月才从渤海回国的使者口中得知安史之乱的爆发。

渤海是靺鞨与高句丽遗民在今天中国东北部与朝鲜半岛北部建立的国家。该国在698年建国，727年首次向日本遣使。此后在8世纪里，日本一共向渤海遣使十二次，渤海向日本遣使十四次。报告安史之乱的是第三次遣渤海使，当时是第47代淳仁天皇（758—764年在位）统治的时期。

## 特殊的遣使——"拯救"藤原清河、与渤海使同行

得到安史之乱报告的日本在第二年突然任命高元度（高句丽系渡来人）为使者，希望从唐朝接回藤原清河。藤原清河是藤原北家之祖藤原房前的第四子，如上文所述，作为第十次遣唐使的大使入唐。他在完成大使使命后与阿倍仲麻吕一同回国，但在路上遭遇逆风，漂流到越南北部，之后与阿倍仲麻吕一同回到长安，在唐朝做官。

在759年以前，史料并没有记载日本为藤原清河采取过什么行动。在危及唐朝存亡的安史之乱爆发后，为了这一个人回国而派遣使者实在有点奇怪。被任命为使者的高元度坐上渤海使的便船，经由渤海国入唐。实际上，迎接藤原清河只是表面上的理由，真正的目的是收集最新的情报（山内晋次）。

高元度跟随渤海国的贺正使入唐，但并未获准带藤原清河回国。等朝贡的一连串事宜结束后，肃宗把"兵仗样（兵器的样本）、甲胄一具、伐刀一口、枪一竿、矢二只"赐给使者，并对他说："特进、秘书监藤原河清，今依使奏，欲遣归朝，唯恐残贼未平，道路多难。元度宜取南路，先归复命。"（《续日本纪》天平宝字五年八月甲子条）唐朝在苏州为高元度建造了回国的船只，并让越州下级官吏沈惟岳担任送使，陪高元度回日本。另外，肃宗还委托高元度送来用作武器原材料

的牛角。

唐朝既然让迎回藤原清河的使者回国，那为何却不允许藤原清河回国呢？自从8世纪以来，日本的遣唐使都是每代天皇派遣一次，而且与世代交替有关，而这次却是跟随渤海使入朝，与以往的方式很不一样。虽然使者声称自己是为了带藤原清河回国，但唐朝方面应该很容易察觉日本的真正目的是收集唐朝在安史之乱爆发后的情报。当时的唐朝正为了重建国家而焦头烂额，通过拒绝让藤原清河回国，并以乱后武器不足为由要求遣唐使送来牛角，向日本表达了不要背叛唐朝的意思。得到肃宗的命令后，高元度于761年八月回国，日本马上着手准备向唐朝提供牛角。

然而到了763年，日本却从渤海使者口中得知，唐朝又一次陷入混乱，朝廷只控制着苏州一地（事实上并没有如此危急），他劝日本不要遣使。日本因此取消了运送牛角的使者。

这么一来，担任送使陪高元度回日本的沈惟岳等人就无法在完成皇帝敕命后回国了。我们将在下文讲述沈惟岳之后的事迹。

## 淳仁天皇被废与称德天皇重祚

渤海使访日的前一年，也就是762年的六月，孝谦太上天皇突然发布了一道有名的宣命，猛烈批评了继承她皇位的第47代淳仁天皇，说他"说不应说的话，做不应做的事"，并要求"日常祭祀一类小事由淳仁天皇负责，国家大事、赏罚则由孝谦太上天皇负责"*（《续日本纪》天平宝字六年六月庚戌）。

孝谦太上天皇最大的靠山圣武太上天皇早在756年五月去世。圣武太上天皇本来为孝谦天皇立了道祖王（天武天皇之孙、新田部亲王之子）为皇太子，但在圣武天皇去世的次年，即757年三月，孝谦天皇以皇太子丧中淫乱为名将其废黜，于四月立大炊王（天武天皇之孙、舍人亲王之子，即淳仁天皇）为皇太子。七月，橘奈良麻吕之乱爆发，道祖王是橘奈良麻吕打算拥立的人之一，因此他被下狱处死。道祖王和大炊王都是天武天皇的孙子，但是他们都不属于天武天皇、草壁皇子、文武天皇、圣武太上天皇这一直系血统。

758年八月，孝谦天皇让位于淳仁天皇。不过，即位后的淳仁天皇并没有稳固的直系地位，他本人的母亲也不是适合充当直系的皇族或者藤原氏之女。在淳仁天皇的妻子之中，最受尊重的是粟田诸姊，她本来是当时的权臣藤原仲麻吕长子之妻，在丈夫死后改嫁给淳仁天皇。通过这层关系，藤原仲麻吕

---

\* 该诏书用万叶假名写成，原文如下：不言岐辞母言奴、不为岐行母为奴。（中略）但政事波、常祀利小事波、今帝行给部。国家大事赏罚二柄波朕行牟。

成为淳仁天皇的靠山。不过，这也很难说是一段适合产生直系继承人的婚姻。

上文提到的孝谦太上天皇的宣命发布于淳仁天皇即位后约四年。虽然淳仁天皇统治期间颇有政绩，但他的权力还是被孝谦太上天皇的一纸敕令架空了。淳仁天皇在即位后也继续沿用孝谦太上天皇的年号天平宝字，这是古代天皇中绝无仅有的例子。正如圣武太上天皇的遗言"让王变成奴也好，让奴变成王也好，都取决于你"\*(《续日本纪》天平宝字八年十月壬申条)，引导、守护直系继承的责任还是在孝谦太上天皇身上。

孝谦太上天皇从淳仁天皇手中夺回的国家大事主导权之中，就包含了派遣遣唐使一事（山尾幸久）。孝谦太上天皇中止了淳仁天皇、藤原仲麻吕策划的送牛角的遣唐使。另外，日本当时还判断安史之乱爆发后唐朝无力派兵介入朝鲜半岛，打算趁机入侵新罗，这件事也因为孝谦太上天皇与淳仁天皇的对立而停止了。

为什么孝谦太上天皇要在762年突然与淳仁天皇决裂呢？有一种说法是，当时孝谦太上天皇迷上了在她身旁侍奉的僧人道镜，想让道镜即位为天皇。不过道镜已经出家，他不能结婚生子，就算当上了天皇也只是过渡性质。孝谦太上天皇也断然

---

\* 原文如下：王乎奴止成止毛、奴乎王止云止毛、汝乃为牟末仁末尔。

不会昏庸到认为道镜可以充当直系继承者。她作为直系继承的守护人，比任何人都更清楚自己身上的责任，必然不会仅仅出于个人情感而随意处置皇位继承这项国之大事。既然如此，孝谦太上天皇到底是如何看待道镜以后由谁担任直系继承人这一问题的呢？自从她父亲圣武天皇以来，直系的存续就是国家的首要问题，那么孝谦太上天皇心中一定对道镜退位后的皇位继承有某种构想。

值得注意的是，761年，孝谦太上天皇的同父异母姐姐井上内亲王与白壁王（天智天皇之孙、施基皇子之子）生下了他户王。

井上内亲王还有个同母妹妹不破内亲王，她在此以前已经生了子嗣，不过不破内亲王曾经被圣武天皇剥夺身份，而且她丈夫盐烧王（天武天皇之孙、新田部皇子之子）在742年因为触怒圣武天皇而被流放。他们的儿子被降为臣籍，赐予姓氏"冰上"，早就丧失了皇位继承权。

井上内亲王曾经当过伊势神宫的斋宫（在伊势神宫侍奉的未婚皇女），在弟弟安积亲王17岁去世的时候嫁给了天智天皇之孙白壁王。这桩婚姻应该出自圣武天皇的意思。他们很长时间没能产下子嗣，到761年才终于生下了他户王。和被降为臣籍的不破内亲王之子不同，他户王的父母没有任何有损血统价值的经历。按照河内祥辅的说法，孝谦太上天皇把直系

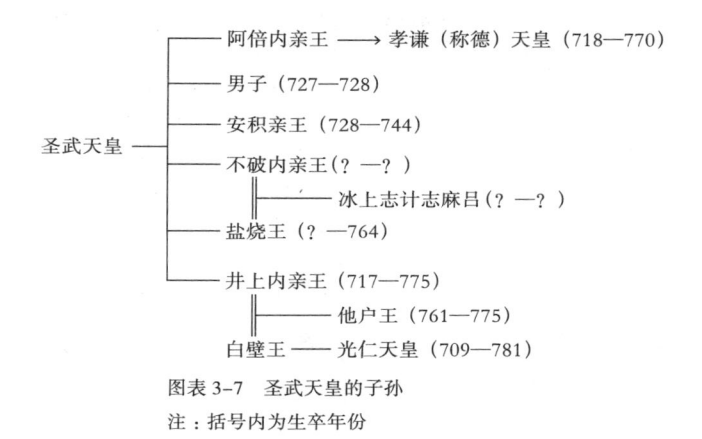

```
            ┌── 阿倍内亲王 ──→ 孝谦（称德）天皇（718—770）
            ├── 男子（727—728）
            ├── 安积亲王（728—744）
            ├── 不破内亲王（？—？）
圣武天皇 ──┤        ‖
            │        └── 冰上志计志麻吕（？—？）
            ├── 盐烧王（？—764）
            ├── 井上内亲王（717—775）
            │        ‖
            │        └── 他户王（761—775）
            └── 白壁王 ── 光仁天皇（709—781）
```

图表 3-7　圣武天皇的子孙
注：括号内为生卒年份

继承者的希望寄托在他户王身上。下文将采用河内的说法，叙述当时王权的情况。

淳仁天皇与孝谦太上天皇从血缘上相隔了整整六代，也没有圣武天皇的血统，他已经成为他户王即位的障碍。然而孝谦太上天皇让他户王担任直系继承人的计划却得不到藤原仲麻吕的支持。史料并没有表明藤原仲麻吕对将来的直系继承有何想法，但从他764年叛乱时与不破内亲王的丈夫盐烧王一同逃跑的举动可以推测，他可能打算让盐烧王与不破内亲王之子继承皇位。结果孝谦太上天皇先发制人，藤原仲麻吕失败，淳仁天皇被废。

764年，孝谦太上天皇重祚，史称第48代称德天皇。重祚时称德天皇47岁，而他户王才刚刚诞生，在他长大成人可以即位之前，称德天皇能不能做好过渡工作呢？称德天皇心里没有底。

因此她希望道镜能够担当他户王即位前过渡的职责。道镜既然是僧人，那他就算即位为天皇，也不能结婚生子，进而扰乱直系继承。另外，圣武天皇和称德天皇（孝谦天皇）为了王权能得到佛教的加护，实行了建造大佛、寺院等各种崇佛政策。从鉴真受菩萨戒也是其中的一环。

希望王权能得到佛教加护的称德天皇应该是打算以道镜为过渡，让他户王顺利继承皇位的。这是她作为直系继承守护者而做出的判断。然而其他人却不这么想。最终称德天皇让道镜即位的计划没能实现。

## 直系的变更与没有大使的遣唐使

770年，称德天皇去世，他户王之父白壁王即位，是为第49代光仁天皇（770—781年在位）。次月，54岁的井上内亲王被立为皇后，两个月后，11岁的他户亲王被立为皇太子。

然而，正如称德天皇所料，缺少后盾的他户亲王地位并不稳固。772年三月，井上皇后以诅咒光仁天皇、企图谋反的罪名被废，五月，他户亲王也被废去太子之位，贬为庶人。

773年正月,光仁天皇长子山部亲王被立为太子,他就是后来的桓武天皇。

十月,光仁天皇的姐姐难波内亲王去世,井上内亲王又被冠以诅咒难波内亲王的罪名,井上内亲王、他户亲王母子一同被幽禁在大和国宇智郡。作为未来的直系继承人,他户亲王自761年出生以来就被寄予厚望,很有可能他在母亲被废后、自己被废除太子之位后依然很有人望,因此在废后、废太子的一年半后才被幽禁。

775年六月,也就是井上内亲王、他户亲王去世的两个月后,朝廷任命了第十二次遣唐使。大使是佐伯今毛人、副使是大伴益立和藤原鹰取。然而他们一直等不到顺风,船队滞留在博多,这时候使者之间产生了矛盾,大使佐伯今毛人在十一月回京。十二月,副使也换了人选,由小野石根、大神末足担任。777年四月,朝廷再次命令佐伯今毛人入唐,但他称病拒绝出发。结果在777年六月,遣唐使团在没有大使的情况下出发了。

关于这次遣唐使,东野治之出版过一部优秀的著作,具体细节可以参考该部著作,下文则从该书中提炼出本书关注的内容。

《续日本纪》记载了小野滋野与大伴继人上奏的此次遣唐使入唐后的情况。他们是遣唐使团的判官(身份次于副使的第三级官人)。

使者于777年六月二十四日出发，七月三日到达扬州。然而，因为安史之乱后唐朝国力疲敝，入京的人数遭到限制。十月十五日(或十六日)，本来要入京的60人(或65人)的使团却在途中收到敕令，说最多只能有20人入京。使者对此提出请求，最终上限人数增加到43人。按照中国的史书，当年秋天洛阳以西受洪水灾害，水田被淹，而前年也有过大雨，京畿稻米受损。长安本来就要依赖别处送来粮食，现在更是面临粮食不足的问题。

遣唐使一行人在元日朝贺不久后的778年正月十三日来到长安。他们在七月初已经来到扬州，在正常情况下应该是赶得及参加正月朝贺的，也就是说，唐朝似乎并不想要这次的日本遣唐使参加正月朝贺。

这就让人想起唐肃宗曾经在761年，也就是上一次遣唐使回国的时候要求日本送牛角。然而日本知道唐朝在安史之乱后国力衰退，不仅没有按照皇帝的要求送来牛角，甚至没有让担任送使的唐朝官员回国。

接受第十二次遣唐使来朝的是唐代宗(762—779年在位)，即上次遣唐使来时在位的唐肃宗之子。虽然皇帝已经换了人，但是肃宗给上次遣唐使的任务自然还是有效的。另外，唐朝肯定也不会忘记使者没有回国的事。遣唐使在路上被告知要限制入京人数,还不让参加元日朝贺,自然会让人觉得是唐朝在表达不满的态度。

一行人来到长安后,先是被分配了居住的馆舍,之后则有敕使来访。正月十五日,使者获邀在宣政殿觐见,但代宗没有出席。等到获得皇帝接见的时候已经是入京两个月后的三月下旬了。在此期间,日本使者一直待在长安的馆舍里。

## 唐朝敕使入京与归化日本

778年四月十九日,朝见后依然滞留在长安的遣唐使收到敕命,内容是"今遣中使赵宝英等,将答信物,往日本国。其驾船者,仰扬州造。卿等如之"。

使者在四月二十四日与皇帝拜辞。席间,遣唐使提出婉拒唐朝的送使,原因是"本国行路遥远,风漂无准。今中使云往,冒涉波涛,万一颠踬,恐乖王命",代宗则回答道:"朕有少许答信物,今差宝英等押送,道义所在,不以为劳。"(《续日本纪》宝龟九年十月乙未条)

六月二十四日,两国使者到达扬州,但因为船只没有造好,唐使不得不乘坐遣唐使船渡日。778年九月出航,但大使赵宝英乘坐的第一船遇难,而唐使判官孙兴进则顺利在778年十月到达日本。

唐代宗在缺少船只的情况下依然坚持派遣使者，目的应该是要打探日本方面的态度。在此之前发生的一连串事件，无论遣唐使如何说明日本没有二心，唐朝还是想要一探究竟的。

唐朝敕使入京还是白江口之战后的首次，也是日本按照中国风格营造都城后的首次。到底应该怎样迎接唐朝使者呢，日本朝廷对此也颇为紧张。另外，与上次遣唐使一同渡日的沈惟岳等人，因为当时准备派遣送牛角的遣唐使，在使团准备妥当前一直滞留在大宰府。后来送牛角的遣唐使计划中止，沈惟岳等人入京，这时候他们作为唐朝使者的身份早就不复存在了。

日本朝廷接待唐使的做法似乎与接待新罗、渤海使者的做法有所不同，但史书没有记载细节。孙兴进等人于779年四月三十日入京，五月三日朝见，十七日朝廷设宴款待使者，二十五日辞行。

《续日本纪》记载了五月十七日宴席上唐使与光仁天皇敕使之间的问答。不过在这段对话中光仁天皇称"朕"，唐朝使者称"臣"，这让人怀疑这段史料的真实性。我们在第二章提到过，虽然也有各国国王居上位引见唐使的例子，但考虑到上次遣唐使以来的情况，日本方面在礼仪上也可能做出让步。

无论如何，这次见面没有产生任何礼仪上的问题，最终孙兴进等唐使乘坐日本准备的船只回国。

另外,在次年,即780年,作为第十一次遣唐使的送使来日的沈惟岳被授予从五位下的官位,并赐姓清海宿祢,户籍编在左京。在唐使渡日后,沈惟岳的归化得到正式认可。比起回唐朝继续当下级官吏,沈惟岳选择了在边缘之地日本过贵族生活。

第四节

# 衰微的大国与排外主义

圆仁眼中的中国

## 使者遇上唐朝皇帝去世、"唐消息"

781年,山部亲王即位,是为第50代桓武天皇(781—806年在位)。桓武天皇非常重视直系皇统的变更问题,因此他在784年放弃了天武、文武、圣武这一直系皇统的都城平城京,迁都至长冈京,之后又在794年迁至平安京。

桓武天皇在801年八月,也就是即位的第二十年任命了遣唐使。当时距离日本迁都至平安京已经过了七年。桓武天皇的两大事业,即征讨虾夷与都城营造都已经上了轨道,光仁、桓武天皇这一直系继承已经相当稳固,因此决定推行遣唐使这一一代一次的盛事。

决定遣使的两个月后,桓武天皇为三个皇子安殿亲王(日后的平城天皇)、神野亲王(日后的嵯峨天皇)、大伴亲王(日后的淳和天皇)的三名皇女配偶举行了加笄的仪式(成人礼)。通过这种方式,桓武天皇向全国表明了三位亲王的皇位继承权。另一方面,遣唐使的派遣被推迟到了804年。

第十四次遣唐使的大使是藤原葛野麻吕,副使是石川道益。《日本后纪》记载了他们回朝的报告,从中我们可以了解到这次充满波折的旅程。这次遣唐使的船队依然是4艘船,船队在804年七月六日同时出发。然而就在第二天,大使所在的第一船就失去了与第三船、第四船的联系。最终第三船与第四船没能渡海,第二年再次尝试,第四船成功入唐。第一船在海上漂流了三四天,结果在不知第二船行踪的情况下,于八月十日到达福州。空海就在这艘船上。

之后第一船一行继续走海路,在十月三日到达常州,提出了23人入京的申请并获得准许。长安距离当地7500里(约4000公里),一行人于十一月三日离开常州,昼夜兼程,在十二月二十一日到达长安。二十三日,内使按照使团的人数送来了马匹、酒和肉干。这时候他们和已经入京的第二船27人会合。原来第二船经由明州(宁波),在九月就上京了。最澄也在第二船上,但他没有上京,而是去了天台山。

十二月四日,遣唐使通过监使把国信、别贡物献给皇帝,皇帝下敕慰劳了他们,当时的皇帝是唐德宗。之后,日本遣唐使在含元殿参加了元日朝贺。按理说，遣唐使一行应该就可以结束行程，平安回国了。

然而，德宗却在正月二日患病，到了二十三日就去世了。从倭五王时代起，一直到遣唐使停止为止的漫长的中日关系史中，这是第一次，也是最后一次日本使者入朝期间碰上皇帝去世。正月二十八日，使者们参加了德宗的葬礼，同日德宗长子顺宗（805年在位）即位。之后的三天里，外国使者都要朝夕举哀。使者们提出了回国的申请，并在二月十日得到准许。一行人在四月三日到达明州，五月十八日起航，805年六月八日，第一船到达对马。

这次遣唐使因为带了后来引领平安时代佛教的两大天才最澄和空海入唐，以及留下了名为"唐消息"的报告而备受关注。"唐消息"是详细记载遣唐使收集的唐朝情报的文书，其主要内容是以下三点。

> 顺宗的名讳、年龄、子女人数等，即皇帝的个人情报。
>
> 德宗去世后，淄青道节度使（山东半岛的节度使）李师古攻入郑州，蔡州节度使吴少诚行为可疑等唐朝国内政治状况。
>
> 唐朝与吐蕃关系紧张的情况。

其中，第三条是尤为珍贵的史料，因为遣唐使反映，唐朝在803年向吐蕃派遣使者，并谎称遣使的目的是与吐蕃通婚，这导致两国间产生误解，一方面吐蕃希望通婚，而唐朝则设法回避这一问题，两国关系因此而紧张。这一信息连唐朝史料都没有记载过（山内晋次）。

在安史之乱前，唐朝拥有很大的国际影响力，亚洲各国纷纷臣服于唐。安史之乱后，唐朝影响力衰退，除了东南亚的岛国，大多数国家都选择直接或间接接受唐、吐蕃或回鹘的统治。这种三大帝国鼎足而立的形势能延续多久是亚洲共同关心的话题。"唐消息"正好说明日本也很关注这件事。

## 嵯峨太上天皇主持下的两次渡海失败

遣唐使第一、第二船回国后的第二年，即806年的正月，桓武天皇患病，之后在三月十七日去世。桓武天皇取代了本来备受期待的直系继承人他户亲王而被立为太子并继位，后来他又排除了父皇定下的皇太子，即其弟早良亲王，可谓用尽办法确立自身的直系地位。在他之后继承皇位的是三兄弟。

首先是桓武天皇的长子继位，是为第51代平城天皇（806—809年在位），之后即位的是平城天皇之弟，第52代嵯峨天皇（809—823年在位）。同时平城天皇的第三子高丘亲王被立为太子，而退位后的平城太上天皇则移居平城京。这时候平城太上天皇却宣称要迁都至平城京。这就相当于要废弃父亲桓武天皇打造的都城，这种过分的宣言让平城太上天皇遭到孤立，在政治斗争中失败，高丘亲王也被废了。

前文也提到过，有研究认为桓武天皇本来希望让平城天皇、嵯峨天皇、淳和天皇三兄弟相继继承皇位。按照这种观点，在平城天皇把自己的儿子立为嵯峨天皇的皇太子时，他已经违反了父皇的遗志，也因此丧失了人心。

810年，桓武天皇的第七子大伴亲王被立为太子。后来嵯峨天皇让位，大伴亲王即位，是为第53代淳和天皇（823—833年在位），而嵯峨天皇之子正良亲王则成为淳和天皇的太子。淳和天皇在833年让位，正良亲王即位为第54代仁明天皇（833—850年），并立淳和天皇之子恒贞亲王为太子（图表3-8）。

仁明天皇刚刚即位，就在834年正月任命了第十五次遣唐使，这时与上次遣唐使已经相隔三十年之久了。大使是藤原常嗣，副使是小野篁，他后来称病没有成行。

836年四月，朝廷为遣唐使设宴钱别，五月，船队从难波出发，但到了七月，第一船和第四船被吹回肥前国，之后第二船也漂流回来，第三船则遭遇重创，100多人溺死。

然而嵯峨太上天皇并未放弃。837年七月，第一船、第二

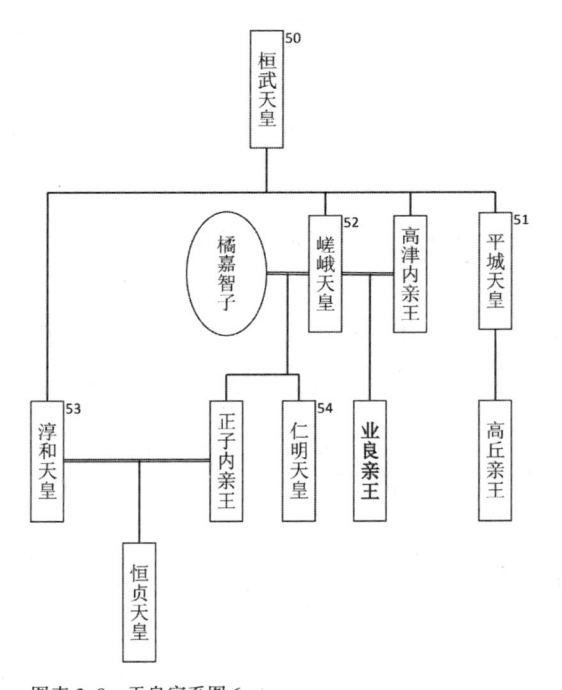

图表 3-8 天皇家系图 6
注：□表示皇族出身，○表示豪族出身，粗体表示父母都是皇族

船、第四船再次出发，但很快就又被海风吹回来了。经历两次漂流后，船只必然有所破损，状态也是参差不齐。大使藤原常嗣以第二船状态较好为由，将其用作第一船。此举激怒了原本使用第二船的小野篁，因此他称病拒绝出发。嵯峨太上天皇对此相当不满。

之所以激怒的不是仁明天皇,而是嵯峨太上天皇,是因为主持遣唐使的是嵯峨太上天皇。另外,仁明天皇的太子恒贞天皇的母亲是正子内亲王,她也是嵯峨太上天皇的女儿。

## 最后一次遣唐使目睹的唐朝衰退

838年六月,第一船与第四船出发,第二船在次月出发。一行人在七月到达唐朝。后来成为天台座主的圆仁在他的《入唐求法巡礼行记》中详细记录了这次遣唐使的行程。

圆仁代表比叡山,带着向天台山求问教义的问状入唐,是一种名叫请益僧的短期留学僧。使团进入唐朝领土后,除大使等人向长安出发以外,其余成员都在沿海大都市扬州等待大使返回。和圆仁一同入唐的还有另一个比叡山僧人圆载,他希望在唐朝长期留学。二人为了停留的许可而焦急等待着,但最终只有圆载获准在天台山长期留学,圆仁的短期停留则不被皇帝许可。圆仁只得把比叡山的问状托付给圆载,自己等待遣唐使从京城回来后一起回国。另外,对比叡山问状做出回答的就是上文提到过的维蠲。

不死心的圆仁最终得到了山东半岛赤山(今山东威海市)的新罗人群体的帮助,偷偷留在了唐朝。等遣唐使回国后,他才自首说自己没有回国,之后又在新罗人的帮助下,在840年

第三章　十五次遣唐使

获准留下。

圆仁先是参观了五台山，之后又在长安学习、收集经典。然而就在他待在唐朝的时候，唐武宗（840—846年在位）开始打压佛教，到了845年五月，圆仁被迫还俗。圆仁只能穿上俗人的衣服，带着收集的佛经相继去了扬州、楚州、山东半岛，寻找回国的机会。在山东半岛赤山停留期间，武宗去世，对佛教的打压也随之结束。圆仁重新剃了头，穿上僧衣，于847年九月乘新罗商人的船离开了唐朝。

这就是圆仁大致的行程。

圆仁可能是出于憧憬，把唐朝的事情事无巨细都记录了下来，还包含了各种主题。为了与后世僧侣对比，以下将引用一部分内容。

> 廿七日，早朝发。到牵车村宋日成宅，断中\*。乞酱、酢、盐、菜，专无一色，汤饭喫不得†。西北傍海行七里，到牟平县。城东去半里，有庐山寺。未时，入寺宿。只有三纲、典座、直岁五人‡，更无僧人。佛殿破坏。僧房皆安置俗人，变为俗家。（《入唐求法巡礼行记》开成五年二月二十七日条）

---

\* 断中：指停下来吃午饭。

† 专无一色、喫不得：指布施不到。

‡ 三纲、典座、直岁：都是寺庙的职位。

这是他从赤山出发、前往五台山途中的一幕。

《入唐求法巡礼行记》同年正月二十一日条记载,圆仁在离开赤山前,当地的僧人、俗人对他说,最近三四年间蝗灾频发,可能路上难以化缘,劝他晚点出发。圆仁最终在二月二十日离开赤山,之后就遭遇到预想的状况。在此之后,他好几次求当地人施舍都遭到失败,因此圆仁才发出这段抱怨。

## 圆仁与成寻的时代差距

圆仁的所见所闻与人们对唐朝繁华的印象大相径庭。而且这不仅是地方的情况,连长安也是如此,尤其是僧人的生活更是清苦。以下引用的是840年十一月二十六日的记载。

> 廿六日。冬至节。僧中拜贺云:"伏惟和尚,久住世间,广和众生。"腊下\* 及沙弥†对上座‡说,一依书仪之制。沙弥对僧,右膝着地,说贺节之词。喫粥时,行馄饨、果子。

---

\* 腊下:出家不久的僧人。
† 沙弥:准备出家但尚未正式出家的年轻人。
‡ 上座:地位较高的僧人。

## 第三章　十五次遣唐使

这是圆仁在长安资圣寺过冬至的记录。就连冬至,食物也仅仅增加了馄饨(当时有冬至吃馄饨的习俗)和果子(指水果)而已。在大约200年后,成寻(1011—1081年)去宋朝时写下了《参天台五台山记》。两相比较,唐朝僧人实在是生活拮据、可怜。

以下引用的是成寻在1072年十一月二十日的记录。

> 天晴。卯一点,从太原府龙图许[*]送粥,并有斋请。巳时众人人多来。即十人参府斋。(中略)客人四人同坐,三座各三人,合九人同喫。三座每前向外有顶捧大香盘作人[†],烧沉檀香如日本不断香。每一人床有作长一尺立人形[‡]。彩色甚妙,捧火舍向人。烧香。造花二坏[§],苔二坏,胡桃一坏、椎[¶]一坏,各高一尺许盛之。其次珍果二十坏以银盏盛之。菜十坏同银器。着座之后,酒果十余度,最后有饭。真实第一斋也。

---

[*]　龙图:龙图阁直学士;许:……的地方。
[†]　作人:服侍的人。
[‡]　人形:人偶。
[§]　坏:杯。
[¶]　椎:蘑菇。

虽说时代不同,但与成寻相比,圆仁的境遇可谓悲惨。成寻之所以受到如此招待,与他赶路受宋朝庇护有关。可是圆仁也是得到官方确认允许在唐朝居住的外国留学僧。究竟是什么导致了两者境遇的差异呢?

两者感受到的社会整体氛围差异,反映了9世纪中叶唐朝社会整体并不比后来的时代富裕。唐朝注重的是中央集权,社会长期采用临战体制,并不以提高生产力、积累剩余资源以发展社会和经济为目的。因此,中央集权国家的社会整体并不会变得非常富裕。而军事实力的下降则与国际竞争力下降直接关联。

安史之乱后,之前唐朝间接统治的地区纷纷脱离唐朝控制,吐蕃、回鹘入侵边境,节度使频繁自立,唐朝过去的凝聚力迅速衰退。圆仁感受到的正是日薄西山的唐朝。

## 唐朝排外主义高涨与走向灭亡

正如上文所述,唐朝在845年大规模废佛,这是亚洲首屈一指的帝国自行褪去荣光之举。当时被打压的不仅是佛教,聂斯脱利派基督教、伊斯兰教、琐罗亚斯德教、摩尼教等外来宗教也一并遭到打压。恰好此时回鹘、吐蕃崩溃,以此为契机,唐朝的排外民族主义高涨,由此产生了尊崇儒教、排除包括佛教在内的外来宗教的举动。以废佛为标志,唐朝的国际性不复存在。

我想以圆仁还俗后的日记结束本章。845年六月，圆仁带着收集的经典路过扬州，打算回国。

> 廿八日。到扬州。见城里僧尼正裹头，递归本贯。拟拆寺舍，钱物、庄园、钟等，官家收检。

看见僧尼隐瞒自己的身份逃回故乡的时候，圆仁不知道作何感想呢？他作为遣唐使来到扬州的时候，曾经目睹过扬州佛教繁盛的景象，如今看到这番场景，想必是更显凄凉了。

随着排外民族主义的高涨，唐朝也在加速灭亡。当时的整个亚洲都没有能够统合各方势力的帝国，没有出现新的势力代替崩溃的吐蕃，而回鹘也处于分裂状态，亚洲分解为众多国家。同时，邻国新罗在9世纪中叶也爆发了张保皋之乱，国家权威减弱，社会混乱也随之增加。

在亚洲整体陷入动乱、中国陷入群雄割据、唐朝只能控制一部分国土的情况下，日本自然不会再把向唐朝派遣使者当作一代一次的盛事了。

等日本再次计划派遣遣唐使的时候，离838年的第十五次遣唐使已经过去了半个世纪，当时统治日本的是第59代宇多天皇（887—897年在位）。

第四章

# 巡礼僧与海商的时代

10 世纪唐朝灭亡以后

## 第一节

# 最后的遣唐使计划

宇多天皇的意向与菅原道真的反对

## 9世纪中叶惠萼入唐

838年的第十五次遣唐使入唐后,下一次计划派遣遣唐使已经是五十多年后的894年,这也是最后一次遣唐使计划。不过,在这期间日本并不是与唐朝完全没有接触,有很多人物曾来往于两国之间。

其中的代表人物就是曾六次入唐的僧人惠萼。本章的开头将参考田中史生的研究,追踪惠萼的事迹。

> 后尝多造宝幡及绣文袈裟。穷尽妙巧,左右不知其意。后遣沙门惠萼,泛海入唐。以绣文袈裟,奉施定圣者僧伽和上、康僧等,以宝幡及镜奁之具,施入五台山寺。(《日

本文德天皇实录》嘉祥三年五月壬午条）

惠萼是一名身上充满谜团的僧人，我们连他从属的寺院、学习佛法的老师、出身、生卒年份都不清楚。我们最早知道他是因为他接受橘嘉智子的命令入唐，把各种宝物布施给五台山。橘嘉智子就是主持第十五次遣唐使的第52代嵯峨天皇（809—823年在位）的皇后。

这则史料并没有提及惠萼入唐的时间，但是在跟随第十五次遣唐使入唐的圆仁的日记《入唐求法巡礼行记》中，我们找到了关于惠萼入唐时间的线索。圆仁提到自己在参拜完五台山，前往长安后得到消息，说惠萼与弟子三人去了五台山，为了收集十方僧供料而把两名弟子留在当地，自己准备回国。

我们虽然不知道惠萼在什么时候出国，但他最迟在841年已经到了中国，并参拜了五台山。惠萼在842年回国后，马上开启了大规模的募捐活动，目的是筹集资金供奉到五台山，在那里建立"日本国院"（可能是用来方便日本僧人参拜的小庵堂）。

五台山位于今天中国山西省五台县，最早的寺院大概建立于5世纪，但到了唐朝中叶，当地成为文殊菩萨的圣地。安史之乱后，唐朝皇帝权威扫地，朝廷为了利用佛教信仰强化皇帝权力，在五台山建立了以皇帝为信仰对象的寺庙。这项事业的牵头人是中国密教的集大成者不空。后来把密教传到日本的空海的师父是不空的徒弟,也就是说不空算是空海的师祖。在不空之后,历代唐朝皇帝都是五台山佛教的檀越\*,也就是为寺院、僧侣布施财物的信徒,五台山作为佛教信仰核心的地位也逐渐确立起来。

对文殊菩萨圣地五台山的信仰传播到了唐朝之外。在9世纪中期,也就是安史之乱的一百年后,除了唐朝僧人,连新罗、天竺、敦煌、吐蕃、铁勒、于阗的僧人也纷纷到此朝拜,国际色彩非常浓厚。五台山可谓亚洲顶级的佛教圣地。

橘嘉智子派惠萼入唐的时候,正是日本在第十四次遣唐使带回的文物的影响下,产生出华丽的唐风文化的时代。当时日本朝廷的高层对唐朝文化很感兴趣,他们也知道关于五台山佛教的信息。不过,作为文殊菩萨圣地的五台山的详细信息,却是由惠萼最初带回日本的。

在唐朝末年的9世纪,惠萼把包括新罗在内的亚洲诸国都有前往五台山朝拜这一情报传回日本,结果不少实权人物都支持惠萼的募捐。他们认为既然五台山的佛教受到唐朝皇帝的庇护,那日本此举就理应得到唐朝的认可。

向佛教圣地布施,用本国资金建立寺院,这种想法在历

---

\* 檀越:梵语,即汉语的"施主"。

史上并不罕见。单单是日本，最澄就曾为后世求学之人在今天浙江省会稽山的禅林寺建造"传法院"，838年入唐的圆载曾在今天的浙江省天台山国清寺建造"日本新堂"，856年圆珍又在天台山国清寺止观院建造"止观堂"。最澄、圆珍、圆载都是受王朝资助渡海入唐的，建立这些庵堂的资金无疑也是从王朝给他们的渡海资金中拨出。

建造庵堂的主要目的当然是住宿，除此以外，它们还能让人记起在天台山学习的日本僧人以及资助它们的日本王权。

另外，在释迦牟尼顿悟之地建立的印度中部摩诃菩提寺周边也有日本、中国、韩国、泰国、不丹、缅甸、越南等国出资建造的寺院。可见时代虽然不同，但信徒在圣地的行为却是相似的。

## 六次入唐：义空的招揽与真如亲王入唐

回到前面的话题。在回国一年后，筹集到资金的惠萼再次入唐。然而正如前文所述，唐朝在当时发动了废佛，建造日本国院的计划随之落空。844年写作于苏州的《白氏文集》的抄本和以此为基础的活字印本的母本是惠萼书写的，上面还有惠萼做的标注，因此相当有名。该书中就有以下的记述。

## 第四章　巡礼僧与海商的时代

时会昌四载四月十六日写取勘毕

日本国游五台山送供居士空无，旧名惠萼，忽然偶着敕难，权时裹头，暂住苏州白舍人禅院。（中略）早入五台，交关文殊之会，拟作山里日本国院，远流国芳名。

惠萼自称"送供使"，意思就是负责运送布施给五台山的财物的使者。当时唐武宗禁止派遣送供使到五台山。惠萼不但去不了五台山，他还和圆仁一样被强制还俗。因此他才自称"居士"（指在家的佛教信众）。惠萼滞留在苏州，后在847年回国。

惠萼虽然没想到自己会被迫还俗，但在回国之际，他却成功招揽了杭州禅僧义空。惠萼是个在逆境中依然能够有所收获的人，正是因为这种气概，他才能六次成功入唐。

橘嘉智子是招揽义空的主要人物。惠萼带着义空的书信，在849年第三次入唐。另外，我们还从唐朝僧人志圆写给义空的信中知道惠萼的第四次入唐，不过这次入唐的确切时间则无从稽考。

这是自从100年前的753年末鉴真渡日以来首次以王权的名义招揽唐朝僧人。不过，鉴真和他的弟子都做好了在日本终此一生的觉悟，而义空则在废佛结束、佛教顺利复兴后就回国了。他回国的那一年是854年，在日本一共待了7年。惠萼陪义空回国，这是他第五次入唐。

惠萼又在862年陪真如亲王入唐，这是在现存史料中记载的惠萼最后一次入唐。真如亲王的俗名叫高丘亲王，是平城天皇之子，在嵯峨天皇即位时曾被立为太子，但他父亲平城上皇与嵯峨天皇对立，准备谋反但以失败告终，高丘亲王的太子之位也被废。

真如亲王出家后成为空海的弟子。他在848年访问了刚回比叡山的圆仁，之后就立志入唐。真如亲王连畿内\*都没有出过，他要入唐自然就需要有入唐经验的僧人的帮助。陪同真如亲王入唐后，惠萼很快就回了国，之后他的事迹就难以追寻了。另外，真如亲王后来得到唐懿宗（859—873年在位）的准许，从长安出发前往天竺，但最终在路上死去。

## 大量唐物：海商与航海技术的进步

从第八次遣唐使到第十五次遣唐使，除了第十一次（迎藤原清河使）与第十三次（送唐客使），每次遣唐使的船队都由4艘船组成。然而，正如上文所述，只有第八次遣唐使的四艘船都平安回国了。在大多数情况下，船队在去程、归程中总有船只沉没。

---

\* 畿内：日本接近首都（平城京、平安京）的数个行政区的统称。

## 第四章　巡礼僧与海商的时代

与之形成对比的是惠萼的六次成功入唐。当往来两地变得不那么困难，在唐日之间活动的海商就出现了。航海技术的进步大大提升了唐日之间往来的安全性。

大量唐物的流入也扮演了重要的角色。唐物是海商带回来的海外产物的总称，具体而言包括亚洲出产的香料、贵重木材、染料、陶土、药品、颜料、皮革、陶瓷、犀牛角或水牛角、工艺品、纤维与布匹、竹、书籍、鹦鹉和孔雀等动物，还有纸、墨、砚等文具。国风文化时代的文学作品中就提到过很多消费这些唐物的例子（河添房江）。

与此同时，曾在唐廷参与仪式，直接体验过唐朝文化的贵族（如充任遣唐使大使、副使的贵族）则消失了。虽然进口了唐物，但消费它们的贵族阶级却不知道中国的最新潮流。随着时间的推移，他们消费唐物的方式与中国的潮流也渐行渐远。

在遣唐使时代，日本派遣过各种人才到唐朝学习技术和学问，这些人包含玉生（学习玻璃、釉的制作工艺的人）、锻生（学习锻冶技术的人）、铸生（学习铸造技术的人）、细工生（学习制作竹木制品的人）和药生（学习药物的人）。随着遣唐使的停止，这些学习唐朝技术的人也不再入唐。因此，即便唐朝的成品和原材料可以作为唐物输入日本，但参考唐物仿制的物品和以唐物原材料制作的制品与唐朝流行的物品也变得越来越不一样了。

举个例子。当时日本曾进口用于制作笛子的竹,但是知晓笛子的构造、懂得吹奏笛子的乐师却没有入过唐。他们只能用旧的技术加工竹子,并且自行加以改良。这样制造出来的笛子自然会与中国笛子的差距越来越大,而使用这些笛子演奏的乐曲也会变样。

日本停止派遣遣唐使以后,虽然有唐物输入,但已经不能引入唐朝文化了。在这种情况下,在那些无须在乎唐朝的场合,以及新出现的仪式、活动中,和歌、催马乐、东游等倭风世俗文化的比重大为增加了(佐藤全敏)。10世纪国风文化的兴盛,与作为文化消费者与生产者的贵族阶级,以及支撑他们的匠人阶层缺少入唐经历不无关系。

## 最后一次遣唐使计划:不合旧典

在第十五次遣唐使的半个世纪后,与唐朝的交涉活动的记忆在日本已经变得稀薄,这时朝廷提出了最后一次遣唐使计划。893年三月,在唐日本僧人中瓘上表,894年七月,朝廷发出了回复中瓘的书信,决定派遣遣唐使。中瓘所属的寺院以及他入唐的时间尚不清楚。

八月二十一日,朝廷任命菅原道真为大使、纪长谷雄为副使。然而,菅原道真却于九月十四日上奏,希望当时的第59代宇多天皇重新考虑派遣遣唐使的问题。最终遣唐使计划被取消。

引发遣唐使计划的中瓘上表文并没有流传下来,不过,太政官下发给中瓘的牒(下达文书)中引用了上表文的部分内容。

> 温州刺史朱褒,特发人信,远投东国。波浪眇焉,虽感宿怀,稽之旧典,奈容纳何。不敢固疑。(《菅家文草》卷十)

朱褒(?—902年)是今浙江省温州市人。当时私盐贩子王仙芝与黄巢叛乱(黄巢之乱,叛军于880年占领长安,但最终以黄巢在884年自杀告终),朱褒于882年占领温州自立。唐朝无力讨伐朱褒,只得承认其地位,赐予刺史官职。

我们可以认为,朱褒的"夙愿"是让日本派遣朝贡使,而中瓘则是他请来的中间人。不过,除了唐朝刚建立的时候,以及白江口之战的战后处理,在整个唐日关系史中,从来没有唐朝官人要求日本遣使的例子。

另外,正如本书所述,遣唐使的派遣基本上是每代天皇一次,而且只有直系天皇派遣。派遣与否及何时派遣完全由日本决定。由此可见，这次由唐朝提出遣使的要求，而且还是一介地方官的刺史促成此事，这与国家旧典明显不符（保立道久）。

宇多天皇则发表了以下言论：

> 中瓘消息，事理所至，欲罢不能。如闻，商人说大唐事之次多云，"贼寇以来，十有余年，朱褒独全所部，天子特爱忠勤"，事之髣髴也。虽得由绪于风闻，苟为人君者，孰不倾耳以悦之。（中略）又顷年频灾，资具难备。而朝议已定。欲发使者，辨整之间，或延年月。大官有问，得意叙之。（《菅家文草》卷十）

也就是说，他决定派遣遣唐使。

派遣遣唐使需要耗费大量资金、人力，但宇多天皇还是认为有派遣的意义，这与他面对的政治形势有关。

## 支持遣使的宇多天皇的立场

宇多天皇本来是无缘皇位的。他的父亲是第58代光孝天皇（884—887年在位），本来是第57代阳成天皇（876—884年在位）在宫中杀人而被迫退位后继位的过渡天皇。在光孝天皇即位的两个月后，包括宇多天皇在内的所有光孝天皇的子女都被赐姓源姓、降为臣籍。在那个时候，光孝天皇的儿子是完全不可能继承皇位的。

光孝天皇在位3年半，到他病危为止一直没有立太子。这是因为以藤原氏为首的贵族们无法就皇位继承者达成一致意见。最终大家只能尊重濒死的光孝天皇的意志，在887年八月二十五日让他的第七子宇多天皇成为亲王，并在二十六日立为太子。同日光孝天皇去世，宇多天皇马上即位。

日本以前从未有过曾经降为臣籍的人当上天皇。与此同时，退位后的阳成天皇、阳成天皇的儿子，以及宇多天皇的弟弟们都健在。当时不少人依然认为第54代仁明天皇（833—850年在位）、第55代文德天皇（850—858年在位）、第56代清和天皇（858—876年在位）、阳成天皇这一系才是直系皇统，而且也有不少贵族支持这一系皇统。因此，宇多天皇的权威并不稳固。

887年，宇多天皇任命藤原基经为关白，诏书里提到了"阿衡"一词，藤原基经因此停止处理任何政务\*。贵族们纷纷支持藤原基经，宇多天皇遭到孤立，只能撤回诏书。这件事被称作阿衡事件，反映了贵族阶级全体不待见宇多天皇，目的是让他

---

\* 理由是"阿衡"在中国古代没有实权。

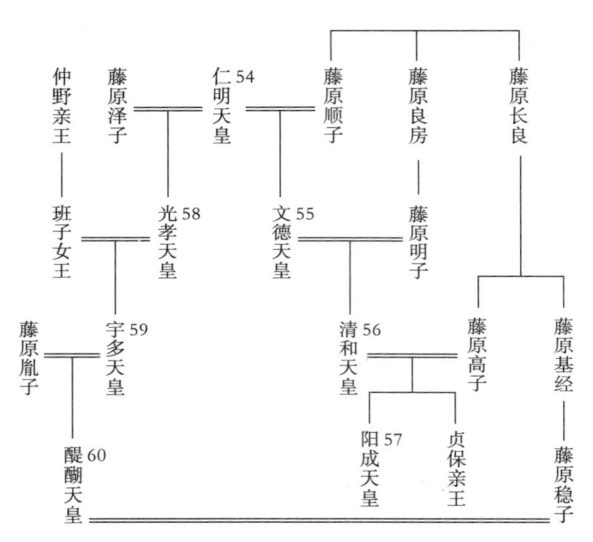

图表 4–1　天皇家系图 7

知道自身权威的脆弱。

遭到挫折的宇多天皇意识到自己的弱势地位，对以藤原基经为首的贵族集团的反感促使他设法强化自身的地位。宇多天皇之所以缺少权威，最重要的因素是缺少直系身份。藤原基经在891年去世后，宇多天皇于893年四月立长子敦仁亲王（即第60代醍醐天皇，897—930年在位）为太子。他想通过让自己的儿子继承皇统，早日确立直系皇统的地位（图表4-1）。

宇多天皇急于确立光仁天皇、宇多天皇、醍醐天皇这一直系皇统，作为承上启下的宇多天皇很有动机重新启动一代一次的盛事遣唐使（山尾幸久）。派遣遣唐使的请求是在即将要立太子时提出的。他理应回想起祖父仁明天皇派出第十五次遣唐使时的盛况（保立道久）。

然而在894年九月十四日菅原道真上奏后，遣唐使计划又变回了一张白纸。虽然派遣遣唐使是宇多天皇的意思，但在详细分析唐朝内部的情报后，朝臣们发现很难保证遣唐使入唐后的安全。使者要谒见皇帝、交换书信、完成各种仪式后，才算是完成国家间的正式交往。如果遣唐使最终无法完成这些任务，那派遣他们的宇多天皇本人的权威也会受损。这才是菅原道真请求宇多天皇重新考虑的原因。

第二节

# 战乱的五代十国时代

以"圣地"为目标的日本巡礼僧

## 唐朝灭亡,进入五代十国的时代

就在日本讨论是否要派出遣唐使的9世纪90年代,唐朝经历了黄巢之乱,已经呈现出摇摇欲坠的景象。

唐昭宗(888—904年在位)试图延长王朝的寿命,但他完全无法控制各地的割据军阀。进入10世纪后,军阀的互斗产生了胜利者,大家都知道他将要接受唐朝的禅让,建立新王朝。最终在907年,唐朝的末代皇帝哀帝(904—907年在位)禅让于朱全忠。后梁由此建国。

与此同时,到了9世纪,商人开始来往于东亚的海洋上,他们也把各种信息、文物、宝物传入了日本。早期的海商主要是新罗人,但后来日本禁止新罗人入港,因此唐商人成为对日本贸易的主要经营者。不过，所谓的唐商人其实主要由在唐新罗商人及与他们合作的唐朝商人构成。通过海商输入日本的文物和宝物的数量远超遣唐使时代，情报也是一样。既然可以通过海商输入文物，那最起码在输入文物这个领域里，成本极高的遣使就变得不必要了。

不过，其实当时也有少数出国的人，那就是前往五台山、天台山等圣地朝拜的僧人。

907年唐朝灭亡，979年宋朝统一全国，中间这段分裂的时期被称作五代十国。统治北方的是后梁、后唐、后晋、后汉、后周五个王朝（因为历史上有过同名的王朝，所以都在前面加上"后"字），同时还有统治今天江苏、安徽、江西的吴国（南吴），继承吴国的南唐，统治浙江的吴越，统治福建的闽（909—945年），统治湖北的荆南，统治湖南的楚（南楚），统治广东的南汉，统治山西的北汉，统治四川的前蜀和后蜀，这十个政权合称十国。

五代十国各政权的内部斗争相当激烈，国家间也不断对抗，另外北方耶律阿保机建立的契丹（4世纪就在中国史料中出现的游牧部族，在耶律阿保机的统治下统合为帝国）也拥有广阔的领土，时刻准备向南扩张。后晋把幽州（今河北、北京一带）附近的十六州割让给了契丹，甚至连首都开封都曾被契丹短暂占领。五代诸王朝一直要留心北方的动向。

**图表 4-2　五代王朝梗概**

| 王朝名<br>（存续时间） | 创始人<br>（生卒年代） | 创始人在前朝的身份 | 都城 |
|---|---|---|---|
| 后梁<br>（907—923） | 朱全忠<br>（852—912） | 宣武军节度使（唐） | 开封、洛阳 |
| 后唐<br>（923—936） | 李存勖<br>（885—926） | 河东节度使、晋王（继承唐朝封其父李克用的王号） | 洛阳 |
| 后晋<br>（936—946） | 石敬瑭<br>（892—942） | 后唐明宗的女婿、河东节度使（后唐） | 开封、洛阳 |
| 后汉<br>（947—950） | 刘知远<br>（895—948） | 河东节度使（后晋） | 开封 |
| 后周<br>（951—960） | 郭威<br>（904—954） | 枢密使（后汉） | 开封 |

注：笔者制表。

## 五代十国时代的日本巡礼僧

从中国进入分裂与动乱的时代，到赵氏建立宋朝、重新统一中国之前，日本的巡礼僧在王权的资助下渡海来到中国，还获得了面见皇帝的机会。虽然派遣僧人能够获得的政治利益并不能抵偿派遣的费用，但日本对五台山等亚洲一流圣地的憧憬依然强烈。日本贵族为了与中国佛教圣地结缘，才答应资助僧人作为中间人前去朝拜（榎本涉）。

## 第四章　巡礼僧与海商的时代

巡礼僧的先驱是兴福寺僧人宽建。宽建在926年五月向朝廷请愿，希望乘唐人船只"入唐"，到五台山朝拜。朝廷准许了他的请求，并赐予砂金作为旅费。唐朝早在907年已经灭亡，因此他所说的"入唐"指的是前往自称唐朝继承者的后唐。次年，一行人获得大宰府牒（作为身份证明的通行文书）。宽建拿着大宰府牒与随从僧人（宽辅、澄觉、超会、长安）乘船前往福州。

他们到达中国时，在位的皇帝是后唐明宗（926—933年在位）。然而核心人物宽建却在福州附近的建州某寺庙的浴室里死去。其余数人则在长兴年间（930—933年）顺利入京，朝拜了五台山等地的佛教寺庙。

一行之中，宽辅似乎在932年四月时待在后唐首都洛阳。宽辅在洛阳期间抄写过《诸教坛图》一书，落款是"持念弘顺大师、赐紫宽辅"。由此可见他之前曾得到后唐皇帝赐大师号和紫衣。大师号是僧人的尊号，如空海就曾获赐弘法大师之号，紫衣指的是染上古代最尊贵的紫色的袈裟，这两者都是通过敕许赐予优秀僧人的。从日本出发的时候，宽辅只不过是宽建的从僧，连宽建本人都没有从天皇那里获赐大师号和紫衣，宽辅就更加不可能了。因此宽辅的大师号和紫衣只能是在后唐获得的，从他入唐的时代看来，赐予他这些东西的应该是后唐明宗。

另外，东大寺僧人奝然（938—1016年）在983年来到中国，他把自己在中国的经历写成《奝然在唐记》，里面提到澄觉曾在中国各地朝拜并学会了汉语，因为讲授《唯识论》和《弥勒上生经》而获得了紫衣和资化大师的称号。另一位僧人超会把澄觉的事迹告诉了奝然，超会也获赐了紫衣和照远大师的称号。关于奝然的事情我们在下文还会讲述。

日本不再派遣官方使节访问中国，却要求中国接纳日本巡礼僧，那接纳他们的后唐是怎么看日本的请求的呢？

在唐朝，外国僧侣要进入中国朝拜、留学需要得到皇帝的许可，而在安史之乱后，唐朝的政治、经济状况急剧恶化，接纳外国僧人的规模也缩小了许多。就算是跟随遣唐使入唐的僧侣，也有像圆仁那样不被允许在中国停留、留学的情况（第三章提到过，圆仁回国时藏匿在山东的新罗人群体里，在他们的帮助下才总算获准逗留）。五代政权频繁更替，它们的经济实力比唐朝还要脆弱得多，而日本也没有开启国家间的正式交涉活动。用现代的情况类比，就是某国内乱不止、与邻国的交涉关系中断，但留学生依然前往该国学习。在这种情况下，遣返外国学生也是可以的，但后唐仍然接纳了日本的巡礼僧，还赐予他们紫衣、大师号，表现出欢迎的姿态。

欢迎外国僧人的并不只是后唐。在五代之中，除了开展废佛运动的后周世宗，历代皇帝基本上都欢迎巡礼僧前来。从频率看来，五代时期似乎很积极接纳外国僧人。背后的原因到底是什么呢？

## 沙陀建立的短命王朝

唐朝灭亡后，从后梁起，统治中国北方的是一系列短命王朝。后梁只延续了十七年、三代皇帝。后梁以后的后唐、后晋、后汉不太为大众所知，这些政权的建立者都不是汉族，而是沙陀集团。

沙陀是突厥人的一支，他们于9世纪初移居到今天山西省北部的大同盆地。沙陀的根据地在五台山。

沙陀在首领李克用的带领下，利用了黄巢之乱的机会大展拳脚。李克用最初与唐朝对立，兵败逃亡，但唐朝又把他召回镇压黄巢之乱，之后其他游牧族群也集结在他麾下。这一集团就是五代中后唐、后晋、后汉的母体。五代最后的后周以及继承后周的宋朝最初都是沙陀的军阀。五代到宋朝初期可以说是沙陀的时代。

在这个时代，亲生儿子和养子区别不大，只要有能力就能继承皇位。因此，在王朝内部，皇帝的亲生儿子和养子之间不断展开激烈的皇位继承斗争。结果王朝不断更替，社会相当动荡。不过在这种情况下，却有为数众多的巡礼僧从亚洲各地来到了中国北方。

911年，甘州回鹘与吐蕃（《册府元龟》则记为温末，即9—10世纪以凉州为中心活动的部族）遣使访问后梁，跟随使者入朝的一名僧人获赐紫衣。甘州回鹘是在回鹘帝国分裂后入侵了丝绸之路入口的河西走廊一带的集团所建立的国家，他们统治着以甘州为中心的区域。两国首领带着122人的随从入朝，向后梁上表、献方物。因为使团规模庞大，颇为引人注意。

另一个以僧人为使入唐并获赐紫衣的政权是敦煌的归义军，归义军严格而言并不算是独立国家。敦煌归义军是以敦煌沙州为根据地的汉人集团，他们的首领被任命为归义军节度使，控制丝绸之路的重要节点沙州及其周边地区。祈求丝绸之路交通安全的商人与当地统治者在敦煌建造了大量石窟寺院，这些石窟寺院里有很多美丽的壁画、佛像一直保留至今，其中最有名的是敦煌莫高窟。20世纪初，法国的伯希和与英国的斯坦因等人从莫高窟取走了大量宝贵的文献并公之于世，这些文献俗称敦煌文书。

敦煌文书数量十分庞大，其中斯坦因运到英国的史料中有一则编号为S.529v，题为《诸山圣迹志》，里面详细记载了僧人前往五台山朝拜后，在10世纪10年代离开五台山南下前往广州的详细行程。《诸山圣迹志》作者的行程非常顺利，可以想象他受到了各地统治者的关照。

另一则脱佚很严重的史料则记载了敦煌僧人在918年二月前往五台山朝拜，于931年十一月回国的记录（P.3973《往五台山行记》）。

## 从天竺到新罗获赐紫衣、大师号的例子

五代皇帝经常下赐紫衣和大师号给各国来中国朝拜的巡礼僧。比如在后唐，929年向西回鹘僧人下赐紫衣；934年，"西域"巡礼僧朝见皇帝，获赐紫衣、大师号；936年，狮子国婆罗门僧与甘州回鹘僧人获赐紫衣。南亚海上贸易国斯里兰卡的婆罗门僧为何要和陆上丝绸之路要津的甘州僧人一起入唐呢？他们的身份又是什么呢？这些我们都无法确知。有可能有人自称来自自古信仰佛教的斯里兰卡的婆罗门僧，以此得到朝廷的充分保护。后唐朝廷不论使者身份的真伪，皆下赐紫衣。

在唐朝，只有皇帝有权下赐紫衣和大师号，获赐的对象皆是特别优秀的僧人。最初获得下赐的只有中国僧人，但后来一些外国僧人也获得了下赐。比如日本僧人圆载就曾因讲经有功而获赐紫衣。也就是说，五代皇帝之所以要把紫衣、大师号赐给外国僧人，是为了主张自己和唐朝皇帝一样，是中国的正统统治者。

对于外国僧人而言，紫衣和大师号就相当于从皇帝获得

的优秀僧人认证，而与紫衣、大师号一同下赐的物品对外国僧人也颇有吸引力。到了宋朝，连梵语都读不懂的"天竺僧"成为一大问题。这些人其实是诈称出生地以获得宋朝庇护的人。五代皇帝对于外国僧人的出身可能也有怀疑，但巡礼僧毕竟远道而来，朝廷还是相当礼遇他们。

并不是只有西域诸国的僧人获赐了紫衣。朝鲜半岛的后百济的僧人曾经在936年向后唐申请"先朝赐紫，辞归国赐号"（《册府元龟》），后唐于是赐予他"法深大师"的称号。

当时，朝鲜半岛分裂为三个国家，分别是过去的霸者新罗、900年自立的后百济，以及936年统一朝鲜半岛的高丽。我们完全不知道"法深大师"是在何时、以何种身份入朝的。从他说的话可以推测，他获赐紫衣和获赐大师号之间应该相隔有一段时间。他很可能在这段时间里前往了后唐境内以及受后唐影响的国家的寺庙朝拜。另外，后百济与高丽的使者曾在936年入朝，我们可以推测"法深大师"在获得大师号后与使者一同回国了。

接受后唐禅让的是后晋，在后晋时代的937年，中印度僧人与于阗（塔克拉玛干沙漠南部的国家）僧人获赐紫衣和大师号。两人入朝的时间都是不明。为什么印度与于阗的僧人要来中国呢？所谓的印度僧人大概和上文提到的婆罗门僧一样，可能并非真的来自印度。其实当时印度的佛教正在衰落，他可能是为了获得后晋的庇护才诈称自己来自佛教的起源地印度。

对五代皇帝而言，下赐紫衣、大师号相当于继承唐朝的交涉政策。他们通过仿效唐朝皇帝，行使皇帝权力，向国内外宣示自身的权势。而赐予外国僧人紫衣、大师号，以及允许他们在境内巡礼、给予庇护正是这种政策的体现。这就是为什么在唐朝时还是很罕见的赐紫衣、大师号这样的礼遇，到了926年后能让跟随宽建"入唐"的僧人享受到。

## 后唐对佛教的支持

在五代之中，后唐时代佛教与皇权的关系最为密切。五台山佛教支持后唐，为其王朝正统性背书，其对象也不仅限于国内。

924年，僧人智严从后唐前往西域，他把五台山的情报带到了敦煌。值得注意的是，以智严到访为契机，敦煌归义军向后唐派遣了使者。可能正是因为智严肩负着在西域宣传五台山支持后唐正当性的责任，归义军才回应了智严的到访，向后唐派遣了使节团。我们可以认为，之所以有众多僧人被派往后唐，也是后唐对外宣传的结果。

后唐欢迎外国僧人入境，尤其欢迎他们到境内的五台山朝拜，还给予了他们赐紫衣、大师号等厚待，其目的是营造其国际向心力。

　　唐朝皇帝也屡次利用佛教，把佛教凝聚人心的力量收为己用，提高皇权的正统性，还接受众多外国留学僧、巡礼僧，以提高国际向心力。后唐自称继承唐朝，因此有必要引导佛教信仰、积极接纳外国僧人。后唐皇帝之所以对佛教极为关注，绝不是仅仅出于自身的信仰，而是因为佛教关乎王朝正统性这一重要政治问题。

　　在后唐开国皇帝李存勖即位的当年，后唐建立的消息就已经传遍中国的各个政权。不过情报并不仅仅在国家交涉间有用，那些生计受商路安全影响的商人肯定也很快把后梁灭亡、后唐建国的消息传到了各地。

　　我们回到宽建"入唐"的话题。

　　宽建于926年向日本朝廷提出"入唐"的请求。在那两年前，"唐人"曾经来到日本献上"唐物"，次年又有"唐僧"来日，日本为其提供了衣服和粮食。很可能"唐人"和"唐僧"向日本传达了后唐的建国以及后唐与五台山的紧密关系。后唐既然刚刚建国就迅速派遣僧人到西域，招徕西域僧人到五台山朝拜，那后唐同样把欢迎巡礼僧的方针传达给东亚国家也没什么奇怪的。最起码，在后唐的统治下去五台山朝拜的安全是有保证的，这个信息确实得到了有效的宣传。

　　宽建等人决心要去已经长期无法前往的五台山朝拜，因此向朝廷提出请求，并得到了许可。此事在中国的历史背景前已述及。

## 战乱之际滞留在中国的日本僧人

宽建等人在927年到达福州，当时统治后唐的是第二代皇帝明宗。在政权频繁交替的五代，后唐明宗以质朴节俭著称，是有名的明君。虽然宽建去世，但其余几名僧人还是平安到达首都洛阳，然后去了五台山以及各地的其他佛教圣地朝拜，还有成员从后唐明宗那里获赐了紫衣和大师号。"入唐"和巡礼都获得了高于预期的成果。

日本在过去就有众多留学僧入唐，可能五台山、洛阳这些佛教信仰的中心地区还保留着关于日本僧人的记忆。对于后唐而言，接纳日本巡礼僧"入唐"、朝拜不仅符合招徕巡礼僧的国策，还符合本朝主张继承唐朝的政治形象。

后唐明宗即位时已过壮年，他在位8年，于933年去世。继承明宗的是儿子李从厚（933—934年在位），但军阀们不支持李从厚，于是明宗的养子李从珂（934—936年在位）取而代之。正如上文所述，五代的皇位继承更看重的是实力而非血缘。

在那之后，后唐灭亡，北方的契丹介入，中国北方在24

年间如走马灯一般经历了后晋、后汉、后周三个朝代,社会陷入战乱。

在政权频繁交替的中国北方,宽辅、超会等日本巡礼僧是怎样生活的呢?

澄觉似乎打算独自回国,但他后来的事迹就不得而知了。不过我们知道中国僧人义楚曾经与宽辅见过面。义楚通晓儒佛经典,在945年到954年间写成了《义楚六帖》,并献给了后周世宗(954—959年在位),后周世宗为嘉奖他的功劳,赐给他紫衣和明教大师的称号。《义楚六帖》中就记载了宽辅的经历。

后周世宗自955年开始废佛,因此义楚应该是在废佛开始前在后周首都开封与宽辅见的面。宽辅在废佛期间可能一直待在开封的寺院里。这次废佛运动没有像唐武宗那次那样强迫外国僧人还俗,因此宽辅就算一直留在开封,也不会像第三章提到的圆仁、圆载那样被迫还俗。

## 国风文化与日本、吴越间的交流

另一方面,在宽建一行人"入唐"的时候,统治江南的吴越国曾向日本派遣过使者。936年,吴越商人来日,传达了第二代吴越王钱元瓘(932—941年在位)有意与日本通交的消息。吴越商人分别在947年、953年来日，并献上了第三代吴越王钱弘佐（941—947年在位）和第五代吴越王钱弘俶（948—978年在位）的书信。可惜的是，这两封国书都散佚了。

吴越与日本的书信来往从来没有天皇的参与，也就是说两国并不存在国王对国王的正式交涉。钱元瓘、钱弘佐、钱弘俶虽然是吴越的统治者，但他们的即位需要经过中原王朝的承认。正所谓"人臣无外交"，作为臣下，没有君上的准许，原则上是不能与外国交涉的。因此身为人臣的吴越王和日本的左右大臣都无权与他国君王通交。话虽如此，但书信来往对吴越王而言是王德彰显到海外的体现，而在日本则可以显示出天皇的地位高于吴越王。因此，两国的书信来往得以延续。

吴越王的第二封书信来到日本时是947年七月，这时候发出书信的钱弘佐已在六月去世。继承王位的是钱弘佐之弟钱弘倧（947年在位），他在位期间发生了激烈的内部斗争，因此只统治了不到一年时间。取而代之的是钱弘佐、钱弘倧之弟钱弘俶。钱弘俶就是最后一代吴越王，从第三代以后每一代吴越王都是兄弟继承。

在钱弘俶统治时的951年，吴越国曾响应境内天台山的僧人义寂、德韶的请愿，拜托日本送来天台经文。顺便一提，在中国，收集书籍并不仅仅是宗教上的需求，而是作为汇聚天下智慧的体现,被认为是王者应有的行为。

日本把许多经典送给了吴越国,不过与朝鲜半岛的高丽所送的典籍相比,时人对日本典籍的评价并不高。另一方面,日本天台山派遣的日延为日本请回了天台典籍和钱弘俶铸造的金铜制阿育王塔(钱弘俶效仿印度阿育王建造八万四千塔的传说,铸造了84000座佛塔),这些物品对日本的世俗权力与佛教界带来了极大影响。此外,传入日本的历道、明经道、纪传道相关的情报、书籍也是相当重要的。这些来自吴越的文化成为日本国风文化基础的一部分(西本昌弘)。

第三节

# 宋朝统一中国

国家间交往的终结

## 宋朝制作《开宝藏》

从唐末动乱到宋朝统一中国大约经过了100年。4世纪时，中国进入东晋、五胡十六国以及之后的南北朝时代，一共经历了300年的分裂。与之相比，这次分裂期的时长只有前一个分裂时期的三分之一左右。话虽如此，统一分裂的中国并建立安定的统治，在任何时代都是很困难的。宋朝的开国皇帝赵匡胤虽然自称皇帝，但他本身不过是沙陀众军阀中的一介武将而已。在建国之初，宋朝的正统性并未得到广泛认可。

在政治、文化等各个方面，宋朝都视分裂以前的唐朝为理想。宋朝希望通过收集分散在各国的书籍、绘画等物品来确立自身的统治。这里面就包括了佛教文物。975年，宋朝吞并吴越，吴越王铸造的舍利塔也献给了宋朝。宋朝把各国国王尊崇的佛教文物集中在首都开封，希望利用佛教彰显王朝的正统性和中心地位。

这项政策的其中一环是在今天四川省的成都制作出版《大藏经》（佛教经典的总称，又名《一切经》）的雕版。宋朝消灭统治四川的后蜀后，于972年下敕，在蜀地制作《大藏经》的雕版。制作开始时的年号是"开宝"（968—976年），因此取名为《开宝藏》。后来以《开宝藏》为蓝本，高丽和契丹也出版了《大藏经》。现在世界研究佛教的基本书籍《大正新修大藏经》的底本是高丽获赐《开宝藏》后，在13世纪模刻的版本。

宋朝想要收揽新近征服的蜀地的人心，因此下令在当地制作《开宝藏》的雕版。宋人使用唐朝留下的目录挑选、整理、分类佛教经典，并雕刻成版，一共制作了13万枚雕版，于983年送进首都，开始印刷《大藏经》。印刷好的《大藏经》一共有5048卷，是当时世界上最早的大规模木版印刷事业。

当时的皇帝是宋太宗（976—997年在位），他是开国皇帝赵匡胤的弟弟。皇帝颁布敕命翻译佛教经典的做法自从唐德宗以来不再流行，宋太宗相当于重启了这一事业。因为大部分经典都有唐朝译本，所以宋太宗时翻译的主要是与密教相关的少数经典而已。不过就算体量不大，有宋朝翻译的佛教经典编入《大藏经》还是很重要的。宋朝皇帝通过敕令印刷《大藏经》，里面又包括了宋朝翻译的经典，这种做法强调了唐与宋的连续性。

《大藏经》印刷完毕后，副本送给了国内的主要寺院，又作为皇帝的恩典下赐给高丽、越南等册封国以及有交涉关系的周边国家。《大藏经》的下赐也是宋朝通过佛教强调唐宋的继承关系以及王朝正统性的政策的一环。

其实宋朝在完成《开宝藏》的编撰工作后，第一个下赐的对象是日本，而接受《开宝藏》并将其带回日本的则是东大寺僧人奝然。奝然立志去天竺巡礼，他在983年得到东大寺和延历寺下发的文牒，与从僧六人乘坐中国商船入宋。他们在天台山所在的台州办理了入境手续，之后得到台州官员的关照，首先去了天台山等地朝拜，然后北上。奝然一行人进入首都开封后谒见了宋太宗，获赐紫衣。次年（984年），奝然朝拜完开封的寺院，向五台山出发，回京后又一次谒见了太宗。奝然正是在这个时候获赐了《开宝藏》，时间是985年三月，同时还获赐了大师号。之后奝然离开开封，在台州制作了释迦如来像（现藏于清凉寺），然后回国。他最终还是没去成当初想去的天竺。

唐朝并未授予巡礼僧紫衣和大师号，这明显是五代以来的传统。

不过，奝然的待遇远高于一般巡礼僧。他的巡礼活动得到官方庇护，在中国期间还曾三次面见皇帝。宋太宗问了他有关日本历史、风土的问题。奝然的回答被负责外交工作的鸿胪寺记录了下来，他献上的《王年代记》一卷后来被摘录收入正史《宋史》。

奝然回国前，宋太宗提出要求，希望日本能够前来朝贡。然而日本最终没有遣使朝贡，而是派了奝然的弟子向太宗呈上了奝然的上表文，里面用非常谦恭的语气表达了对皇帝的谢意（川上通夫）。

## 对国家派遣的巡礼僧的困惑

奝然于986年回国，在他之后又有多名日本巡礼僧入宋。日本虽然没有和宋朝进行国家间的交涉，但还是继续派遣巡礼僧。对日本的这种姿态，宋朝大概感到颇为困惑。

在奝然入宋的大约九十年后，成寻于1072年入宋。他把自己旅行的经历记录下来，写下了《参天台五台山记》，我们在第三章末尾曾经对比过这本著作与唐朝时的留学僧圆仁写的《入唐求法巡礼行记》。成寻是天台宗僧人，他受到官方的庇护和管理，顺利到宋朝各处巡礼，朝见皇帝并获赐紫衣和大师号。

成寻没有带日本天皇的书信前来，但又是得到日本王权的支持入宋的，他的谒见礼仪要如何安排呢？宋朝犹豫再三后，决定以过去接待被木征任命为使者派往宋朝的僧人的礼仪为标准安排谒见。木征是当时统合了今天青海省一带的吐蕃各部的人物。由此可见，虽然日本没有任命成寻为使者，但宋朝方面还是以使者的标准接待了他（榎本涉）。

被国家任命为使者访问中国的僧人在唐朝是有过的。读者应该还记得，我们在第三章提到过中亚、南亚的僧人曾在唐玄宗时来朝。不过,任命僧人为使者的国家主要还是中亚各国。这种现象也延续到五代、宋朝。奝然虽然没有带着国君的文书，但他是受王朝的资助入宋的，宋朝把他视作使者招待也是理所当然。

不过宋朝虽然屡次礼遇日本僧人，日本却一直没有动心。事实上不只是宋朝，在此前后吴越和高丽也有向日本提出通交的请求，但日本都没有与它们建立正式国交。吴越国王送给日本的国书并不是以天皇，而是以左右大臣，也就是顶级贵族的名义回复的。日本一直不肯和任何外国建立国交，有学者认为是平安时代日本的锁国意识高涨导致的。

确实，9世纪时新罗因为社会动荡，很多在本国失去生计的新罗人成为盗寇侵扰日本。到了1019年，因为契丹领土扩张而失去家园的东北女真族人入侵了壹岐、对马（刀伊入寇）。

这一系列事件大概让日本意识到,和陷入混乱的中国、朝鲜半岛政权交涉不再有利可图。我们不确定这些事件是否让日本朝廷感受到外部的压力,但毫无疑问王权和贵族阶层都以此为契机不再关心外部的世界。

再说,这个时期的天皇在藤原氏的辅佐下,依赖以藤原氏为首的贵族社会的支持。天皇个人不再像遣唐使时代那样在王朝中拥有突出的权力。遣唐使本来是只有天皇才有权发起的一代一次的盛事,既然天皇的角色与外部形势已经改变,遣唐使也就不复存在了。

与此同时,海商们把大量"唐物"从宋朝带入日本,其数量比唐朝时还多。既然如此,日本也就不需要开辟、维持官方的交流通道了。

此后,日本一直坚持派遣僧人但不派遣朝贡使的政策。第十五次遣唐使是日本最后一次以天皇的名义给中国皇帝写国书,此后便再未如此。

结　尾

# 历史事实是什么？

"外交"与遣隋使

## 古代东亚的"外交"

古代日本受地理的限制，只能尽最大可能收集情报，并详细分析收集回来的情报，以此掌握自身在亚洲的地位。日本为了获得尽量多的利益，精心策划并展开了对中国的交涉。不同时期的日本朝廷对交涉能获得的利益有不同的期待，但都以王权稳定为目的。

不过，对外交涉成本巨大，耗时也很长。因此，一旦日本朝廷判断对中国交涉没有必要，就会很快停止交涉。虽然日本也会对中国的东亚政策做出反应，却不喜欢拘泥于面子这种模糊不清的概念而产生不必要的纠纷。

通过以上的考察，我们可以认为日本古代的对外交涉是基于对形势的冷静判断，并追求实际利益的结果，具有冷静、精明的特点。

写作本书的目的是明确从5世纪倭五王与中国的交涉到9世纪遣唐使停止之间的日本古代对中交涉史在亚洲史中的定位。笔者觉得，虽然当中不无波折，但这个目标还是达成了。

最后，笔者想谈谈写作本书的一个大前提。

通常，人们把国与国之间的交涉称作"外交"，然而本书却没有使用"外交"一词。

其实，在近代以前的东亚，"外交"一词是带有贬义的。以下我将举一个例子加以说明。这是5世纪时高句丽对外交涉的例子。

当时高句丽向中国南朝和北朝都派遣了使者。因为南朝和北朝是军事对立的关系，所以向两朝遣使都是秘密进行的。不过在北魏第七代皇帝孝文帝（471—499年在位）时，高句丽派往南朝的使者在海上被抓，高句丽的双面交涉因此暴露。北朝正史《魏书·高句丽传》中记载了北魏孝文帝给高句丽王的诏书，其内容如下：

> 高祖诏责琏曰："道成亲杀其君，窃号江左，朕方欲兴灭国于旧邦，继绝世于刘氏，而卿越境外交，远通篡贼，岂是藩臣守节之义！……"

孝文帝口中的"外交"指的是越过国境对外交涉，是海外之臣不应有的行为。

这里的"外"指的是北魏皇帝威德所至的天下以外，也就是萧道成统治的南齐。按照北魏孝文帝的语境，向自己的宗主国遣使是朝贡，向宗主国敌对的中华以外的国家，也就是南齐遣使则是"外交"。因此高句丽的"外交"遭到了北魏皇帝的强烈谴责。

## 近代以外的"外交"一词

在过去受到谴责的"外交"一词，到了现代却成为翻译"diplomacy"的用语。我们将在后文介绍这种翻译的由来，现在先讨论"diplomacy"一词在20世纪英国外交官、历史学家哈罗德·尼科松（Harold Nicolson）的《外交学》（1939年）一书中的定义。

"Diplomacy"的语源是拉丁语"diploma"，指的是古代罗马帝国的金属制护照，是用两重金属板按压、折叠、缝合而成。与现代"外交"一词相通的"diplomacy"出现在18世纪的近代欧洲。日本接触到"diplomacy"一词的时候，这个概念本身还在发展阶段。

在近代外交诞生以前，各国国王往往要因应实际需要派出使者，断断续续地进行国家间的交涉。进入16、17世纪后，欧洲国家开始组建外交机构，在交涉对象国设置常驻的大使。这一时期的外交是以欧洲共有的贵族文化和法律体系为基础的，被称作"旧外交"。以往场合性质的交涉行为变得具有延续性，随之产生的秩序也开始发挥作用。

在旧外交时代，国家间的决定不需要让国民知道，而且统治者与被统治者都不认为这有什么问题。然而，这种没有获得国民同意的外交决定却让欧洲卷入了前所未有的全面战争，那就是第一次世界大战。

因为秘密缔结的外交约定给社会带来了严重的损害，外交需要受民主制约的想法迅速得到认同。这种在民众的支持下推进的外交就是"新外交"。尼科松指出新外交有利用不实信息操纵舆论的风险。我们的世界已经进入新外交的时代了，但网络上的不实信息、不负责任的言论还是经常影响着人们的思想，可见尼科松的批评不无道理。

那么，日本是从什么时候开始有"外交"的呢？1868年，第一个外政机构"外国事务挂"成立。次年，该机构先更名为"外国官"，之后取"外国事务"的简称，更名为"外务省"。该机构负责的范围是"外国交际"，简称"外交"。在那之后的十几年内，"外交"一词的指代范围逐渐扩大，不仅指由交际缔结的关系，还包含交涉手段、交际的指导政策等。

带有多层含义的"外交"一词最终在1893年成为常用词汇。这一年，日本政府颁布了《外交官领事馆及书记生任用令》与《外交官及领事馆试验规则》，并在次年举行了第一次外交官考试。

通过以上的过程，在日语中"外交"一词发展成一个复杂的词汇，具有与"foreign relations"对应的交涉场合、关系，以及与"diplomacy"对应的交涉行为、手段两层含义。近代日本的"外交"一词与传统汉文中的同一个词汇具有完全不同的词义。

"diplomacy"的概念与古代亚洲国家间的交涉完全不同。"外交"一词具有如此复杂的背景，用它来描述古代日本进行的对外交涉将会相当别扭。因此，本书一概不使用"外交"一词。

## 遣隋使评价的变迁

本书叙述了自倭五王以来日本（倭国）对中国的交涉。但在太平洋战争前，教科书的说法一直是，5世纪以前的对中国交涉是九州北部的豪族私自进行的。

当时的小学教科书的说法是，遣隋使是日本作为独立国家最早进行的外交活动。

在明治时代早期的教科书里，圣德太子被视为苏我氏的同谋，评价并不高，记载也很少。然而到了19世纪90年代，忠于皇室的观念进入了小学教育，对圣德太子的评价也发生了反转。当时圣德太子的形象变成了受推古天皇的命令、积极强化天皇权力的人物。

不过，即使圣德太子变成了正面人物，对遣隋使的看法也几乎没有变化。

在1903年发行的第一期国定教科书《小学日本历史 一》中，遣隋使被视作直接引入文化的契机，但对遣隋使本身的讲述则很少。1909年发行的第二期国定教科书也是一样。

从1920年发行的第三期国定教科书《寻常小学国史》开始，关于遣隋使的内容才大幅增加。以下将引用该书的一段内容：

> 太子又向中国遣使，开始了交际。当时中国国力强大，学问等各方面都很先进，因此自视为高人一等，把其他国家都当作属国。然而太子丝毫不畏惧其国势，交涉的国书中说"日出处天子致书日没处天子无恙"。中国的国主看了国书后虽然不悦，但不久后还是遣使访问我国。于是太子又派留学生到该国，其后两国互有来往。以往经由朝鲜进入我国的学问之类，自此以后得以直接从中国引入。(《日

本教科书大系》18）

首先值得注意的是，这是国定教科书里首次出现"日出处"国书的内容。后来于1934年发行的第四期国定教科书，其内容与上文几乎一致，但是新增了"对等"一词。

## 有意图的历史叙述

担任国定教科书编撰，编写了第三、第四期教科书，并大幅更改了遣隋使相关内容的是藤冈继平。藤冈在1921年发表了《对国史教育的意见及小学国史编纂的方针》（《小学校》33-2），其中写道："国史教育中最重要的一点是把国体观念强烈地灌输进国民的脑袋里。"藤冈在1934年的《思想研究与国史教育》（《教育研究》421）中发表了对遣隋使的评价，如下所引：

> 圣德太子开启了隋和日本间的国际关系，此事造成了极大的刺激，强化了国体观念。……此外，日本一直有以天皇为中心的传统精神，而与强国隋的交际则进一步强化了这种精神，结果导致了十七条宪法的出现。另外，从外交方面看，日本非常强调本国的存在，也就是以对等的地

位进行交际。

藤冈认为，以万世一系的天皇为中心的国体观念，在与强国隋朝进行对等交际的过程中，也就是通过遣隋使得到了强化。正因如此，他才要在以往的教科书的基础上增加有关遣隋使的内容。

值得重视的是，从第三期国定教科书开始出现的关于遣隋使的内容，也就是日本不畏殖民周边国家的隋朝的势力，成功与其建立对等关系的这一建构，与当时日本所处的国际形势非常类似。

1919年，巴黎和会召开，各国商讨第一次世界大战后的议和条件，以及新国际体制的建构，也就是国际联盟。日本提出动议，要在国际联盟的条款中加入"认可各国间平等以及公正对待各国国民的原则"一文。日本虽然主张各国间必须有对等的关系，但日本本身在1910年吞并了朝鲜，日本提倡的"各国平等"与现代人的理解相去甚远。

当时美国等地爆发了排日运动，日本主张"人种的偏见对帝国不利，应予排除"（日本政府给代表团的指示），但欧美各国对此并不认可。当时，日本以英日同盟为借口加入了第一次世界大战，并希望通过国际联盟的条款名副其实地取得与欧洲列强并肩的地位。对这一时期的日本来说，"我国"从何

结　尾　历史事实是什么？

时起有"外交"确实是一个值得思考的问题。

国体观念随着时间的推移越来越受到强调。在1940年开始使用的第五期国定教科书里，"日出处天子"书信被说成是圣德太子"彰显国威"的表现。针对该教科书的下卷，也就是近代史、现代史部分的《修订意见书》提出了10项主要内容。其中第4项到第6项都与国际关系有关。

第4项是"要明确现代世界形势的发展由来"，第5项是"要明确我国一贯的外交方针并强调其自主态度"，第6项是"要促使国民拥有我国在东亚乃至世界中指导性地位的自我意识"。

《修订意见书》的末尾还附上了上下卷的内容修正一览表，其中上卷"圣德太子"一项中写的是"强调太子在对隋外交中的自主态度与明晰国体的精神"。"自主态度"一词在下卷修正意见的第5项也有出现，这并非偶然。按照《修订意见书》的说法，所谓"我国一贯的外交方针"指的就是自遣隋使以来，一直以自主的态度与强国进行对等交涉。对国定教科书的编撰者而言，圣德太子的遣隋使才是"外交"这一近现代概念的源头。

然而，在古代的国家交涉当中，正如本文所述，国家的面子其实并不重要。古代人更看重能否达成交涉目的，对于交涉的程序是否对等、交涉所构筑的关系是否对等，并不一定十分重视。

　　国定教科书以近代外交的立场,认为遣隋使是一种对等的外交,那在真实历史中,日本到底有没有尝试与隋朝建立对等关系呢?这是本书想要探讨的一个问题。

# 后　记

我在16岁的夏天第一次踏足向往已久的奈良。亲身来到教科书里读到的日本古代史的舞台使我感慨万千（不过也体验了前所未有的热浪）。我住在远方的北海道，在那个年纪，对日本古代史有着无尽的向往。

因为母亲的兴趣，我家的书架上放满了历史小说。我很快就读完了家里数量不多的藏书，从小学到高中一直在图书馆里找历史类的书籍看。不过老实说，我当时对中国史和中东史更感兴趣。

入读北海道大学后，我听了南部昇教授的课，对日本古代史产生了浓厚的兴趣。在我看来，史实比小说更为奇妙。我拼命抄下教授端正的板书，现在想来恍如发生在昨日。

最初接触对外关系史是在写毕业论文的时候。当时我纠结再三,最终选择了遣隋使这个话题。到了研究生的阶段,我开始研究亚洲诸国的对隋交涉,不过当时北海道大学没有专门研究东亚史的教授,所以我选择了入读坂上康俊教授所在的九州大学大学院。

我在北海道大学的时候也是发奋学习的,不过等我到了九州大学之后才发现以前的学习简直是太懒散了。坂上教授的课程非常严格,同时又非常深奥、有趣。即便我拼命学习,也只能勉强跟上教授的节奏。教授在每周的研讨会上给予我全面的训练,但我没能充分回应他,为此我感到相当懊恼。

另一个问题是我缺少东洋史的素养。我获得川本芳昭教授的指导,担任东洋史研究室的研究员,在他的鼓励下努力学习。当时我连过年都待在研究室里,和其他研究员用炉子烤年糕吃,我对这件事记忆犹新。

在那之后又过了10年,虽然进展缓慢,但我的研究总算有了成果,于是就有了本书。

对外关系史从来不是历史学的主流,甚至有人提出诸如"外交史有什么有趣的?""外交史有意义吗?"这种疑问。我认为是否有趣见仁见智,但对于生活在现代的我们而言,了解去除现代国家框架之后的历史是很重要的,而对外关系史研究则是一个最合适的切入点,我想这是大家都能认同的。

因此,在写作本书时,我的着眼点是要挣脱"我国历史"

## 后记

的束缚，用尽可能客观的态度从亚洲历史的角度看待日本的对外关系史。过去也有学者做过类似的尝试，而本书的特征则是以佛教作为切入点。曾经在亚洲盛极一时的佛教到底以怎样的方式构建了亚洲的国际关系呢？这是我读了《隋书》，了解到倭国遣隋使曾经称隋朝皇帝为"海西菩萨天子"以来一直关注的课题。另外，围绕王权展开的政治形势也是我所关注的对象。这是为了明确作为日本史学旁支的对外关系史与政治史的根基密切相连这一事实。

我的这些尝试并不顺利，不过如果本书能把对外交涉史的部分有趣之处传达给读者，那我会非常高兴。

这里我要感谢阅读本书的读者以及在写作本书的过程中给了我很多建议的友人，尤其是片山庆隆和本庄总子两位。

本书原本是要在2017年春季写完的，不过因为我身体欠佳，写作进度大为落后。中公新书编辑部的白户直人先生给了我很多建议和鼓励，尤其是给了我完成本书的机会，我对他十分感激。

因为健康问题，我曾一度难以继续研究工作，幸得有众多友人相助。这让我心里比以往更充满感激。尤其是在我不能独自走路的日子里，松村淳子和西村里美两位医生给我的帮助令我一生难忘。

我的女儿也给了我无限的爱。她那糯米团子一般的脸颊多次治愈了我的心灵。

支持我活着写完本书的最重要的人当数我的先生藤井光。我每日都在思考如何才能报答他。虽然与藤井君献给我的书的数量相比，它微不足道，可是我还是以文字难以表达的满满的爱意，把本书献给他。

2019 年 2 月 19 日

河上麻由子

# 参考文献

（顺序大体以文章叙述为准，多次参考的文献不重复罗列）

## 全书相关

山尾幸久《遣唐使》，辑录于井上光贞编《东亚世界中的日本古代史讲座6 日本律令国家与东亚》(《東アジア世界における日本古代史講座6　日本律令国家と東アジア》)，学生社，1982年。

大津透《天皇的历史1：从神话到历史》(《天皇の歴史1　神話から歴史へ》)，讲谈社，2017年。

吉川真司《天皇的历史2：圣武天皇与佛都平安京》(《天皇の歴史2　聖武天皇と仏都平安京》)，讲谈社，2018年。

河内祥辅《古代政治史中的天皇制原理（增订版）》(《古代政治史における天皇制の論理〈増訂版〉》)，吉川弘文馆，2014年。

坂上康俊《系列日本古代史④：平城京的时代》(《シリーズ日本古代史④　平城京の時代》)，岩波书店，2011年。

河上麻由子《古代亚洲世界的对外交涉与佛教》(《古代アジア世界の対外交渉と仏教》)，山川出版社，2011年。

# 第一章

三崎良章《五胡十六国：中国史上的民族大迁徙（新订版）》(《五胡十六国　中国史上の民族大移動［新訂版］》)，东方书店，2012年。

坂元义种《倭五王：空白的5世纪》(《倭の五王　空白の五世紀》)，教育社，1981年。

吉川忠夫《刘裕：江南的英雄、宋的武帝》(《劉裕　江南の英雄　宋の武帝》)，中央公论社，1989年。

河内春人《倭五王：王位继承与5世纪的东亚》(《倭の五王　王位継承と五世紀の東アジア》)，中央公论社，2018年。

川本芳昭《中国的历史05：中华的崩溃与扩大（魏晋南北朝）》(《中国の歴史05　中華の崩壊と拡大　魏晋南北朝》)，讲谈社，2005年。

西嶋定生《东亚世界与册封体制：6—8世纪的东亚》(《東アジア世界と冊封体制　六～八世紀の東アジア》)，东京大学出版社，1983年，最初出版于1962年。

东野治之《日本古代金石文的研究》(《日本古代金石文の研究》)，岩波书店，2004年。

田中史生《倭国与渡来人——交错的"内"与"外"》(《倭国と渡来人－交錯する『内』と『外』》)，吉川弘文馆，2005年。

赵灿鹏《南朝梁元帝〈职贡图〉题记佚文的新发现》，《文史》2011年第一辑。

赵灿鹏《南朝梁元帝〈职贡图〉题记佚文续拾》，《文史》2011年第四辑。

气贺泽保规《从亚洲交流史看遣隋使：在炀帝两次国际盛会之间》(《アジア交流史からみた遣隋使　煬帝の二度の国際フェスティバルの挾間で》)及同编《遣隋使所见的风景：立足东亚的新观点》(《遣隋使がみた風景　東アジアからの新視点》)，八木书店，2012年。

金维诺《职贡图的年代与作者——读画礼记》，《文物》1960年7号。

榎一雄《榎一雄著作集7 中国史》，汲古书院，1994年。

深津行德《关于台湾故宫博物院所藏〈梁职贡图〉摹本》(《台湾故宮博物院所蔵『梁職貢図』模本について》)，《调查研究报告》44，1999年。

堀内淳一《"鲁国"还是"虏国"》(《『魯国』か『虜国』か》)，铃木靖民、金

子修一编《〈梁职贡图〉与欧亚大陆东部的世界》(《『梁職貢図』と東部ユーラシア世界》),勉诚出版,2014年。

Il'yasov, Jangar Ya. "The Hephthalite Terracotta". *Silk Road Art and Archaeology*. 7 (2001).

河上麻由子《〈职贡图〉及其世界观》(《『職貢図』とその世界観》),《东洋史研究》74-1,2015年。

渡边信一郎《中国古代的王权与天下秩序:从中日比较史的观点看》(《中国古代の王権と天下秩序　日中比較史の視点から》),校仓书房,2003年。

户川贵行《东晋和南朝传统的创造》(《東晋南朝における伝統の創造》),汲古书院,2015年。

熊谷公男《日本的历史03:从大王到天皇》(《日本の歴史03　大王から天皇へ》),讲谈社,2018年。

镰田元一《日本古代的"国"》(《日本古代の『クニ』》),《日本的社会史(第六卷):各个社会集团》(《日本の社会史　第六卷　社会的諸集団》),岩波书店,1988年。

佐川英治《汉帝国以来的多元世界》(《漢帝国以降の多元的世界》),《历史的转变期2(378年):失落的古代帝国秩序》(《歴史の転換期2　378年　失われた古代帝国の秩序》),山川出版社,2018年。

东野治之《遣唐使船:在东亚之中》(《遣唐使船　東アジアのなかで》),朝日新闻社,1999年。

吉村武彦《古代日本史丛书2:大和王权》(《リリーズ日本古代史2　ヤマト王権》),岩波书店,2010年。

岸俊男《划时代的雄略朝:稻荷山铁剑铭考》(《画期的としての雄略朝　稲荷山鉄剣付考》),《日本古代文物的研究》(《日本古代文物の研究》),塙书房,1989年,最初出版于1984年。

## 第二章

佐藤智水《北魏佛教史论考》,冈山大学文学部,1998年。

吉川忠夫《侯景之乱始末记：南朝贵族社会的命运》(《侯景の乱始末記　南朝貴族社会の命運》)，中央公论社，1974年。

森三树三郎《梁武帝：佛教王朝的悲剧》(《梁の武帝　仏教王朝の悲劇》)，平乐寺书店，1956年。

诹访义纯《中国南朝佛教史的研究》(《中国南朝仏教史の研究》)，法藏馆，1997年。

薗田香融《东亚的佛教传入与接纳：日本佛教的传入及其历史性前提》(《東アジアにおける仏教の伝来と受容　日本仏教の伝来とその史的前提》)，《关西大学东西学术研究所纪要》23，1989年。

清水昭博《古代朝鲜的造瓦与佛教》(《古代朝鮮の造瓦と仏教》)，帝塚山大学出版会，2013年。

末松保和《新罗史的诸问题》(《新羅史の諸問題》)，东洋文库，1954年。

上川通夫《日本中世佛教形成史论》，校仓书房，2007年。

中林隆之《日本古代国家的佛教组成》(《日本古代国家の仏教編成》)，塙书房，2007年。

榎本淳一《比较仪礼论》，《日本的对外关系2：律令国家与东亚》(《日本の対外関係2　律令国家と東アジア》)，吉川弘文馆，2011年。

东野治之《日出处、日本、Waqwāq》(《日出処・日本・ワークワーク》)，《遣唐使与正仓院》(《遣唐使と正倉院》)，岩波书店，1992年，初次出版于1991年。

广瀬宪雄《倭国、日本史与欧亚大陆东部：6—13世纪的政治关联再考》(《倭国・日本史と東部ユーラシア　六～一三世紀における政治的連関再考》)，《历史学研究》872，2010年。

山崎宏《支那中世佛教的发展》(《支那中世仏教の展開》)，清水书房，1942年。

塚本善隆《国分寺与隋唐政策及官寺》(《国分寺と隋唐の仏教政策ならびに官寺》)，《塚本善隆著作集（第6卷）：日中佛教交涉史研究》，大东出版社，1974年，初次出版于1938年。

大岛幸代、万纳惠介《隋仁寿舍利塔研究序说》，《奈良美术研究》12，2012年。

Chen, Jinhua. *Monks and Monarchs, Kinship and Kingship: Tanqian in Sui Buddhism and Politics*. Kyoto: Italian School of East Asian Studies, 2002.

新川登龟男编《"佛教"文明的东方移动：百济弥勒寺西塔的舍利庄严》(《『仏教』文明の東方移動　百済弥勒寺西塔の舍利荘厳》)，汲古书院，2013年。

藤善真澄《王劭著述小考》(《王劭の著述小考》)，《道宣传研究》(《道宣伝の研究》)，京都大学学术出版会，2002年，初次出版于1973年。

砺波护《天寿国与重兴佛教的菩萨天子》(《天寿国と重興仏法の菩薩天子と》)，《隋唐佛教文物史论考》，法藏馆，2016年，初次出版于2005年。

森克己《遣唐使（增补版）》，至文堂，1966年。

堀敏一《中国与古代东亚世界：中华世界与各民族》(《中国と古代東アジア世界　中華的世界と諸民族》)，岩波书店，1993年。

金子修一《隋唐的国际秩序与东亚》(《隋唐の国際秩序と東アジア》)，名著刊行会，2001年。

池田温《裴世清与高表仁：隋唐与倭交涉的一面》(《裴世清と高表仁　隋唐と倭の交渉の一面》)，《东亚文化交流史》(《東アジアの文化交流史》)，吉川弘文馆，2002年，初次出版于1971年。

榎本淳一《关于〈隋书·倭国传〉》(《『隋書』倭国伝について》)，大山诚一编《〈日本书纪〉之谜与圣德太子》(《日本書紀の謎と聖德太子》)，平凡社，2011年。


# 第三章

榎本淳一《遣唐使的作用与变质》(《遣唐使の役割と変質》)，《岩波讲座 日本历史 第3卷 古代3》，岩波书店，2014年。

水谷千秋《女帝与让位古代史》(《女帝と譲位の古代史》)，文艺春秋，2003年。

河内春人《东亚交流史中的遣唐使》(《東アジア交流史のなかの遣唐使》)，汲古书院，2013年。

市大树《飞鸟的木简：古代史的新解释》(《飛鳥の木簡　古代史の新たな解明》)，中央公论新社，2012年。

铃木靖民《东亚的国际变动与国家形成：7世纪的倭国》(《東アジアにおける国際変動と国家形成　七世紀の倭国》)，《倭国史的发展与东亚》(《倭国史の展開と東アジア》)，岩波书店，2012年，初次出版于1994年。

森公章《遣外使节及求法、巡礼僧的日记》(《遣外使節と求法・巡礼僧の日記》),《日本研究》44,2011年。

森公章《〈白村江〉以后:国家危机与东亚外交》(《『白村江』以降 国家危機と東アジア外交》),讲谈社,1998年。

铃木靖民《援救百济之战后的日唐交涉:天智纪有关唐朝记载的再检讨》(《百済救援の役後の日唐交渉 天智紀唐関係記事の再検討》),《日本古代国家形成与东亚》(《日本の古代国家形成と東アジア》),吉川弘文馆,2011年,初次出版于1972年。

仓本一宏《战争的古代史2:壬申之乱》(《戦争の古代史2 壬申の乱》),吉川弘文馆,2007年。

古濑奈津子《遣唐使眼中的中国》(《遣唐使が見た中国》),吉川弘文馆,2003年。

中林隆之《东亚"政治—宗教"世界的形成与日本古代国家》(《東アジア〈政治—宗教〉世界の形成と日本古代国家》),《历史学研究》885,2011年。

佐伯有清《山上氏的出身与性质》(《山上氏の出自と性格》),《日本古代氏族的研究》(《日本古代氏族の研究》),吉川弘文馆,1985年,初次出版于1978年。

东野治之《日本国号的研究动向与课题》(《日本国号の研究動向と課題》),《史料学探访》,岩波书店,2015年,初次出版于2013年。

长泽和俊、横张和子《绢之道:丝绸之路染织史》(《絹の道 シルクロード染織史》),讲谈社,2001年。

藤善真澄《隋唐时代的佛教与社会:在镇压的狭缝中》(《隋唐時代の仏教と社会 弾圧の挾間にて》),白帝社,2004年。

肥田路美《奈良国立博物馆所藏刺绣释迦如来说法图》,《初唐佛教美术的研究》(《初唐仏教美術の研究》),中央公论美术出版,2011年,初次出版于1994年。

大西磨希子《唐代佛教美术论考:佛教文化的传播与日唐交流》(《唐代仏教美術論攷 仏教文化の伝播と日唐交流》),法藏馆,2017年。

东野治之《遣唐使的朝贡年期》(《遣唐使の朝貢年期》),《遣唐使与正仓院》(《遣唐使と正倉院》),岩波书店,1992年,初次出版于1990年。

小林正美《唐代的道教与天师道》(《唐代の道教と天師道》),知泉书馆,2003年。

小幡充《唐代的国际秩序与道教:以道教在朝鲜诸国的公传为中心》(《唐代の国際秩序と道教 朝鮮諸国への道教公伝を中心として》),《史满》25,2003年。

小幡充《有关日本古代接纳道教的一个考察:通过8世纪上半叶日唐关系》(《日本古代の道教受容に関する一考察 八世紀前半の日唐関係を通じて》),《早稲田大学大学院文学研究科纪要》5014,2004年。

小幡充《8世纪下半叶的日唐关系与道教》(《八世紀後半の日唐関係と道教》),《史满》29,2007年。

上田雄《遣唐使全航海》,草思社,2006年。

藤善真澄《金刚智、不空渡天行释疑:以中印关系为线索》(《金剛智・不空渡天行釈疑 中・印交渉を手懸かりに》),《中国佛教史研究:面向隋唐佛教的观点》(《中国仏教史研究 隋唐仏教への視角》),法藏馆,2013年,初次出版于1976年。

森安孝夫《唐代的胡人与佛教世界地理》(《唐代における胡と仏教的世界地理》),《东西回鹘与欧亚大陆中部》(《東西ウイグルと中央ユーラシア》),名古屋大学出版会,2015年,初次出版于2007年。

森安孝夫《兴亡的世界史05:丝绸之路与唐帝国》(《興亡の世界史05 シルクロードと唐帝国》),讲谈社,2016年。

森部丰《安禄山:发动"安史之乱"的粟特人》(《安禄山 『安史の乱』を起こしたソグド人》),山川出版社,2013年。

滨田耕策《渤海国兴亡史》,吉川弘文馆,2000年。

山内晋次《国际情报与律令国家》(《国際情報と律令国家》),《日本的对外关系2:律令国家与东亚》(《日本の対外関係2 律令国家と東アジア》),吉川弘文馆,2011年。

保立道久《黄金国家:东亚与平安日本》(《黄金国家 東アジアと平安日本》),青木书店,2004年。

西本昌弘《桓武天皇:身负都城建设与征夷宿命的帝王》(《桓武天皇 造都と征夷を宿命づけられた帝王》),山川出版社,2013年。

藤善真澄译注《参天台五台山记》上下，关西大学出版部，2011年。

气贺泽保规《中国历史06：绚烂的世界帝国（隋唐时代）》(《中国の歴史06 絢爛たる世界帝国 隋唐時代》)，讲谈社，2005年。

石见清裕《圆仁与会昌废佛》(《円仁と会昌の廃仏》)，铃木靖民编《圆仁及其时代》(《円仁とその時代》)高志书店，2009年。

河上麻由子《前往外国的使节们：遣隋使、遣唐使的时代》(《外国への使節たち 遣隋使・遣唐使の時代》)，馆野和己、出田和久编《日本古代的交通、交流、情报（第二卷）：旅行与交易》(《日本古代の交通・交流・情報 第二巻 旅と交易》)，吉川弘文馆，2016年。

## 第四章

田中史生编著《入唐僧惠萼与东亚：附回纥关联史料集》(《入唐僧恵萼と東アジア 附恵萼関連史料集》)，勉诚出版，2014年。

佐伯有清《不幸的遣唐使：圆载命途多舛的人生》(《悲運の遣唐使 円載の数奇な生涯》)，吉川弘文馆1999年。

佐伯有清《圆珍》，吉川弘文馆，1990年。

佐伯有清《高丘亲王入唐记：废太子与被虎杀害传说的真相》(《高丘親王入唐記 廃太子と虎害伝説の真相》)，吉川弘文馆，2002年。

河添房江《唐物的文化史：从舶来品看日本》(《唐物の文化史 舶来品からみた日本》)勉诚出版，2017年。

佐藤全敏《国风究竟是什么》(《国風とは何か》)，《日本古代交流史入门》，勉诚出版，2014年。

石井正敏《关于所谓遣唐使的终结：针对〈日本纪略〉纪事终止的检讨》(《いわゆる遣唐使の停止について 『日本紀略』停止記事の検討》)，《中央大学文学部纪要》35，1990年。

森公章《菅原道真与宽平年间的遣唐使计划》(《菅原道真と寛平度の遣唐使計画》)，《遣唐使与古代日本的对外政策》(《遣唐使と古代日本の対外政策》)，吉川弘文馆，2008年，初次出版于2006年。

榎本涉《日本中世史系列选书4：僧侣与海商们的东海》(《シリーズ選書日本中世史4　僧侶と海商たちの東シナ海》)，讲谈社，2010年。

森部丰、石见清裕《唐末沙陀〈李克用墓志〉译注、考察》(《唐末沙陀『李克用墓誌』訳注·考察》)，《内亚语言研究》(《内陸アジア言語の研究》) 18，2003年。

石见清裕《沙陀史研究：日本、中国学界的成果与课题》(《沙陀史研究　日本·中国の学界における成果と課題》)，《早稻田大学蒙古研究所纪要》2 (《早稻田大学モンゴル研究所紀要》2)，2005年。

森部丰《河东沙陀的兴起与粟特系突厥》(《河東における沙陀の興起とソグド系突厥》)，《粟特人的东方活动与欧亚东部世界的历史性展开》(《ソグド人の東方活動と東ユーラシア世界の歴史的展開》)，关西大学出版部，2010年，初次出版于2004年。

杉山正明《中国历史08：疾驰的草原征服者 辽、西夏、金、元》(《中国の歴史08　疾駆する草原の征服者　遼·西夏·金·元》)，讲谈社，2005年。

森安孝夫《关于回鹘西迁》(《ウイグルの西遷について》)《回鹘与敦煌》(《ウイグルと敦煌》)，《东西回鹘与欧亚大陆中部》(《東西ウイグルと中央ユーラシア》)，名古屋大学出版会，2018年，分别初次出版于1977、1980年。

荣新江《归义军史研究：唐宋时代敦煌历史考察》，上海古籍出版社，1996年。

中田美绘《沙陀的唐朝中兴与五台山》(《沙陀の唐中興と五台山》)，原田正俊编《日本古代中世的佛教与东亚》(《日本古代中世の仏教と東アジア》)，关西大学出版部，2014年。

前田正名《河西历史地理学研究》(《河西の歴史地理学的研究》)，吉川弘文馆，1964年。

藤枝晃《沙州归义军节度使始末（1—4）》，《东方学报》12-3—13-2，1941—1943年。

冯培红《归义军时期敦煌与周边地区之间的僧使交往》，郑炳林主编《敦煌归义军史专题研究续编》，兰州大学出版社，2003年。

土肥义和《归义军（唐后期、五代、宋初）时代》，榎一雄编《讲座敦煌（二）：敦煌的历史》(《講座敦煌　二　敦煌の歴史》)，大东出版社，1980年。

河上麻由子《五代诸王朝的对外交涉与僧侣》(《五代諸王朝の対外交渉と僧

侣》),古濑奈津子编《东亚的礼、仪式与统治结构》(《東アジアの礼・儀式と支配構造》),吉川弘文馆,2016年。

刘恒武《五代吴越国对日"书函外交"考》,《古代文化》59-4,2008年。

西本昌弘《从"唐风文化"到"国风文化"》(《『唐風文化』から『国風文化』へ》),《岩波讲座:日本历史(古代5)》岩波书店,2015年。

塚本麿充《北宋初期三馆秘阁的成立及其意义》(《北宋初期三館秘閣の成立とその意義》),《北宋绘画史的成立》(《北宋絵画史の成立》),中央公论美术社,2016年,初次出版于2011、2012年。

竺沙雅章《宋元佛教文化史研究》,汲古书院,2000年。

石上英一《日本古代10世纪的外交》(《日本古代一〇世紀の外交》),《东亚世界的日本古代史讲座:东亚的变貌与日本律令国家》7(《東アジア世界における日本古代史講座 東アジアの変貌と古代律令国家》7),学生社,1982年。

榎本涉《手岛崇裕〈平安时代的对外关系与佛教〉书评》(《書評 手島崇裕著『平安時代の対外関係と仏教』》),《历史》(《ヒストリア》)256,2016年。

郑淳一《9世纪的来航新罗人与日本列岛》(《九世紀の来航新羅人と日本列島》),勉诚出版,2015年。

# 结尾

哈罗德·尼科松著,深谷满雄、斋藤真译《外交》,东京大学出版会,1968年。

细谷雄一《外交:多文明时代的对话与交涉》(《外交 多文明時代の対話と交渉》),有斐阁,2007年。

森田吉彦《从Diplomacy到外交:明治日本的"外交"观》(《Diplomacyから外交へ 明治日本の「外交」観》),冈本隆司编《宗主权的世界史:东西亚的近代与翻译概念》(《宗主権の世界史 東西アジアの近代と翻訳概念》),名古屋大学出版会,2014年。

Satow, Ernest. *A Guide to Diplomatic Practice*. 3rd ed. London: Longmans, 1932.

寿福隆人《明治20年代中期的古代史教材的转换:圣德太子教材的成立经过》

(《明治20年代中期の古代史教材の転換　聖徳太子教材の成立を通して》),《日本的历史教育学》28(《日本の教育史学》28),1985年。

蒲泽悠贵《国定教科书第3期的历史教育的特质：以藤冈继平的历史教育论为中心》(《国定教科書第3期における歴史教育の特質　藤岡継平の歴史教育論に着目して》),《历史教育史研究》15,2017年。

# 古代中日关系史·关系年表

| 公历 | 倭国/日本（701年以后） | 中国（包含东亚） |
|---|---|---|
| 265 | | 西晋建国 |
| 280 | | 西晋灭吴，统一中国 |
| 316 | | 西晋灭亡 |
| 317 | | 东晋建国 |
| 372 | | 佛教从中国公传至高句丽 |
| 384 | | 佛教从中国公传至百济 |
| 410 | | 东晋灭南燕，将山东半岛纳入版图 |
| 420 | | 东晋灭亡，刘宋建国，给高句丽王、百济王一齐进号 |
| 421 | 初次向刘宋遣使，对赞除授 | |
| 425 | 向刘宋遣使，献方物 | |
| 430 | 向刘宋遣使，献方物 | 诃罗陀国呈上使用大量佛教用语的上表文 |
| 438 | 向刘宋遣使，宋以珍为安东将军、倭国王，又从珍所请，封倭隋等十三人为平西、征虏、冠军、辅国将军 | |
| 439 | | 北魏统一华北 |

续表

| 公历 | 倭国/日本（701年以后） | 中国（包含东亚） |
|---|---|---|
| 443 | 向刘宋遣使，宋以济为安东将军、倭国王 | |
| 446 | | 北魏发动废佛 |
| 451 | 向刘宋遣使，宋加济为使持节，都督倭、新罗、任那、加罗、秦韩、慕韩六国诸军事，安东大将军。又从济所请，除二十三人为军、郡 | |
| 452 | | 北魏废佛结束 |
| 460 | 向刘宋遣使，献方物 | |
| 462 | 向刘宋遣使，宋以兴为安东将军、倭国王 | |
| 471 | 稻荷山古坟出土铁剑铭文创作完成 | |
| 477 | 向刘宋遣使，献方物 | |
| 478 | 向刘宋遣使，宋以武为使持节，都督倭、新罗、任那、加罗、秦韩、慕韩六国诸军事，安东大将军、倭王 | |
| 479 | 向南齐遣使，南齐进武号镇东大将军 | 刘宋灭亡，南齐建国 |
| 502 | | 南齐灭亡，梁朝建国 |
| 518 | | 梁武帝受菩萨戒 |
| 527 | | 梁武帝第一次舍身；百济以梁朝大通年号修建大通寺；新罗公开认可接受佛教 |
| 529 | | 梁武帝第二次舍身 |

续表

| 公历 | 倭国／日本（701年以后） | 中国（包含东亚） |
|---|---|---|
| 531 | 第26代继体天皇去世 | |
| 534 | | 北魏分裂为东魏与西魏 |
| 539 | 第29代钦明天皇即位 | |
| 约540 | | 梁朝《职贡图》完成 |
| 541 | | 梁武帝讲《摩诃般若波罗蜜经》，百济使者有参加，要求梁朝下赐武帝所著般若等经义，许之 |
| 545 | 百济送来从梁朝获得的文物 | |
| 546 | | 梁武帝第三次舍身 |
| 547以前 | 佛教从官方渠道被引入倭国 | |
| 547 | | 梁武帝第四次舍身；侯景背叛东魏，投降梁朝 |
| 548 | | 梁朝爆发侯景之乱 |
| 549 | | 梁武帝去世 |
| 550 | | 东魏灭亡，北齐建国 |
| 557 | | 西魏灭亡，北周建国；梁朝灭亡，陈朝（南朝最后的王朝）建国 |
| 562 | 伽耶地区被编进新罗版图 | |
| 572 | 第30代敏达天皇即位 | |

续表

| 公历 | 倭国/日本（701年以后） | 中国（包含东亚） |
|---|---|---|
| 577 | | 北周灭北齐，统一华北 |
| 581 | | 北周灭亡，隋朝建国；百济、高句丽等初次向隋朝进贡 |
| 585 | 第31代用明天皇即位 | 隋朝迫使东突厥臣服，隋文帝受菩萨戒 |
| 587 | 第32代崇峻天皇即位 | |
| 589 | | 隋朝灭陈，统一中国 |
| 592 | 第33代推古天皇即位。用明天皇之子圣德太子担任摄政 | 晋王广（即隋炀帝）受菩萨戒 |
| 594 | | 新罗开始向隋朝贡 |
| 598 | | 隋朝尝试讨伐高句丽 |
| 600 | 派遣第一次遣隋使，使者遭隋文帝训诫 | |
| 601 | | 舍利塔建造事业开始；隋朝将舍利分予高句丽、百济、新罗 |
| 602 | 百济、高句丽僧入来日，透露舍利塔建造事业的情报 | 第二期舍利塔建造事业开始；摩揭陀国遣使称赞舍利塔建造事业 |
| 603 | 迁居至小垦田宫；制定冠位十二阶 | |
| 604 | 制定宪法十七条 | 第三期舍利塔建造事业开始；隋文帝去世，隋炀帝即位 |
| 607 | 第二次遣隋使，呈上"日出处天子"国书，派遣留学僧 | |

续表

| 公历 | 倭国/日本（701年以后） | 中国（包含东亚） |
|---|---|---|
| 608 | 遣隋使自隋朝回国；裴世清来日宣谕；为送裴世清派遣第三次遣隋使 | 隋炀帝召名僧至鸿胪寺教授各国僧人 |
| 609 | 第三次遣隋使回国 | |
| 610 | 派遣第四次遣隋使 | 洛阳举办国际盛会 |
| 612 | | 第一次远征高句丽 |
| 613 | | 第二次远征高句丽 |
| 614 | 派遣第五次遣隋使，不知有无入隋 | 第三次远征高句丽 |
| 615 | 第五次遣隋使回国 | |
| 617 | | 唐高祖李渊在太原起兵 |
| 618 | | 隋炀帝去世；李渊即位，唐朝建国 |
| 619 | | 高句丽开始向唐朝朝贡 |
| 621 | | 百济、新罗开始向唐朝朝贡 |
| 622 | 圣德太子去世 | |
| 623 | 遣隋留学僧、留学生经新罗回国，建言向唐朝朝贡 | |
| 624 | | 唐朝册封高句丽王、百济王、新罗王；派遣道士至高句丽 |
| 626 | | 唐太宗即位 |

续表

| 公历 | 倭国／日本（701年以后） | 中国（包含东亚） |
|---|---|---|
| 629 | 第34代舒明天皇即位 | |
| 630 | 派遣第一次遣唐使 | 唐朝灭亡东突厥 |
| 632 | 第一次遣唐使与高表仁一同回国，发生"争礼"事件 | |
| 642 | 第35代皇极天皇即位 | |
| 644 | | 唐朝派兵讨伐高句丽（直至648年） |
| 645 | 乙巳之变；第36代孝德天皇即位 | |
| 649 | | 唐高宗即位 |
| 650 | 开始建造遣唐使船 | 新罗向唐朝控诉遭高句丽、百济入侵 |
| 651 | 百济、新罗使者访日 | 唐朝要求高句丽、百济停止入侵新罗 |
| 652 | 百济、新罗使者访日 | 高句丽、百济和新罗一同遣使至唐朝朝贺，表明接受唐朝要求 |
| 653 | 派遣第二次遣唐使，同时派遣留学生、留学僧 | |
| 654 | 第二次遣唐使归国；派遣第三次遣唐使，使节团首席高向玄理在唐朝去世 | |
| 655 | 第37代齐明天皇即位（皇极天皇重祚）；第三次遣唐使回国 | 高句丽、百济入侵新罗，唐朝派兵讨伐高句丽 |
| 659 | 第四次遣唐使携虾夷人入唐；使节团因唐朝征讨百济而滞留在唐 | |

续表

| 公历 | 倭国／日本（701年以后） | 中国（包含东亚） |
|---|---|---|
| 660 | 滞留在唐的遣唐使被允许回国 | 百济灭亡；百济复兴运动开始，百济人请求倭国让余丰璋回国并派兵 |
| 661 | 为介入百济复兴运动，在朝仓设置行宫；第四次遣唐使回国；齐明天皇去世 | 唐朝正式讨伐高句丽 |
| 663 | 百济复兴军及倭国援军在白江口大败；倭军与希望移居倭国的百济人一同回国 | |
| 664 | 在白江口之战中率领水军的刘仁愿派属下郭务悰访问倭国，但未获准入京 | |
| 665 | 唐朝刘德高访日；派遣第五次遣唐使，送刘德高回国 | 百济太子余隆（熊津都督）与新罗王定立盟约 |
| 667 | 刘仁愿派遣司马法聪送遣唐使坂合部石积等人回国；为送司马法聪，遣使至朝鲜半岛 | |
| 668 | 第38代天智天皇即位 | 唐朝灭高句丽，建立都护府，都督府统治朝鲜半岛全境 |
| 669 | 遣使祝贺唐朝平定高句丽 | |
| 670 | | 为统一朝鲜半岛，新罗与唐朝爆发战争 |
| 671 | 倭国接纳1400名流亡百济人 | |
| 672 | 壬申之乱 | |
| 673 | 第40代天武天皇即位 | |
| 676 | | 唐朝撤出朝鲜半岛 |

续表

| 公历 | 倭国/日本（701年以后） | 中国（包含东亚） |
|---|---|---|
| 686 | 天武天皇去世 | |
| 689 | 皇太子草壁皇子去世，吊问天武天皇；新罗使者访日，颁布《飞鸟净御原令》 | |
| 690 | 第41代持统天皇即位 | 唐高宗皇后武则天即位，改国号为周 |
| 694 | 迁居至藤原宫 | |
| 697 | 持统天皇让位于第42代文武天皇 | |
| 698 | | 渤海国建国 |
| 701 | 任命第七次遣唐使 | |
| 702 | 第七次遣唐使出发 | |
| 704 | 第七次遣唐使回国 | |
| 705 | | 唐朝爆发政变，武则天退位，其子唐中宗即位，复改国号为唐 |
| 707 | 第43代元明天皇即位 | |
| 710 | | 唐中宗被毒杀，唐睿宗即位 |
| 712 | | 唐睿宗让位于其子唐玄宗 |
| 714 | 首皇子（即圣武天皇）被立为太子 | |
| 715 | 元明天皇让位于第44代元正天皇 | |

续表

| 公历 | 倭国／日本（701年以后） | 中国（包含东亚） |
|---|---|---|
| 716 | 任命第八次遣唐使 | |
| 717 | 第八次遣唐使出发；唐朝在鸿胪寺教授遣唐使儒教；参拜孔子庙、寺观 | 夏向玄宗请求参拜寺院、道观，并在东西市贸易，获准 |
| 718 | 第八次遣唐使首席使者回国 | |
| 719 | 第八次遣唐使穿着唐朝皇帝下赐的朝服参加朝贺 | |
| 720 | | 南天竺为唐朝建立寺院 |
| 724 | 第45代圣武天皇即位 | |
| 727 | 渤海国首次遣使访日 | |
| 729 | 藤原光明子敕立为皇后 | 吐火罗以僧人为使者人唐，献上各种药物 |
| 731 | | 中天竺以僧人为使者人唐 |
| 732 | 任命第九次遣唐使 | |
| 733 | 第九次遣唐使出发 | 克什米尔以僧人为使者人唐 |
| 734 | 第九次遣唐使首席使者回国；吉备真备、玄昉回国 | |
| 736 | 中臣名代回国；为方便回国，向玄宗请求下赐玄宗所注《道德经》；袁晋卿、道璿、菩提僊那、佛彻、波斯人李密翳等来日 | |
| 742 | | 鉴真决心来日 |

续表

| 公历 | 倭国／日本（701年以后） | 中国（包含东亚） |
|---|---|---|
| 745 |  | 吉尔吉特以僧人为使者入唐 |
| 746 | 任命遣唐使，但没有派遣 | 斯里兰卡以僧人为使者入唐，献上写在贝叶上的梵语《大般若经》等 |
| 748 |  | 吉尔吉特国王与僧朝来朝；玄宗授僧人鸿胪员外卿，让其回国，留国王为宿卫 |
| 749 | 圣武天皇出家；让位于第46代孝谦天皇 |  |
| 750 | 任命第十次遣唐使 | 迦毕试以僧人为使者入唐，并提出请求唐朝遣使，获准 |
| 752 | 第十次遣唐使出发 |  |
| 753 | 日本使者与新罗使者争席次；玄宗提出让鉴真渡日但被婉拒；鉴真赴日 |  |
| 754 | 鉴真为圣武太上天皇、孝谦天皇、光明皇太后授菩萨戒 |  |
| 755 |  | 安禄山反叛，洛阳陷落 |
| 756 | 圣武太上天皇去世 | 安禄山在洛阳称帝；唐玄宗避难至蜀，皇太子即位为肃宗 |
| 757 |  | 安禄山被其子杀害；唐朝得回鹘支援，夺回长安、洛阳 |
| 758 | 孝谦天皇让位于第47代淳仁天皇；渤海将安史之乱告知日本 | 安禄山属下史思明重整军队，与唐军交战获胜；洛阳再次陷落 |
| 759 | 任命第十一次遣唐使，宣称迎接藤原清河回国；经渤海国入唐 | 史思明在洛阳称帝 |

续表

| 公历 | 倭国/日本（701年以后） | 中国（包含东亚） |
|---|---|---|
| 761 | 藤原清河回国不被准许，高元度等人在沈惟岳陪同下回国；应唐朝要求，任命送牛角的遣唐使；圣武太上天皇之外孙他户王出生 | 史思明被杀；吐蕃以佛教为"国教" |
| 762 | 孝谦太上天皇与淳仁天皇不和 | 唐玄宗（太上皇）、唐肃宗去世；肃宗之子唐代宗即位；唐朝在回鹘援军的帮助下夺回洛阳 |
| 763 | 渤海国使者来日，告知唐朝仍在内乱；送牛角的遣唐使终止 | 史思明之子史朝义在唐军追击下自杀，安史之乱终结；吐蕃短暂占领长安 |
| 764 | 藤原仲麻吕之乱爆发；淳仁天皇退位，孝谦太上天皇重祚（第48代称德天皇） | |
| 766 | | 密教僧不空在五台山创立寺院以强化皇帝权威；自此以后，唐朝皇帝成为五台山最大檀越 |
| 770 | 称德天皇去世，第49代光仁天皇即位 | 阿倍仲麻吕在唐朝去世 |
| 771 | 他户王被立为太子 | |
| 772 | 他户王被废太子之位 | |
| 773 | 光仁天皇立长子山部王为太子（即桓武天皇） | |
| 775 | 他户王去世；任命第十二次遣唐使 | |
| 777 | 第十二次遣唐使出发 | |

续表

| 公历 | 倭国/日本（701年以后） | 中国（包含东亚） |
|---|---|---|
| 778 | 第十二次遣唐使与唐使一同回国；为送唐使，任命第十三次遣唐使 | |
| 779 | 第十三次遣唐使出发 | 唐德宗即位 |
| 781 | 光仁天皇让位于第50代桓武天皇；第十三次遣唐使回国 | |
| 783 | | 唐朝与吐蕃会盟 |
| 784 | 迁都至长冈京 | |
| 786 | | 吐蕃攻陷敦煌，控制河西走廊（连通中国与丝绸之路的通道） |
| 792 | | 回鹘夺取丝绸之路要津北庭（天山山脉东部） |
| 794 | 迁都至平安京 | |
| 801 | 任命第十四次遣唐使 | |
| 803 | 第十四次遣唐使出发，但渡海失败 | |
| 804 | 第十四次遣唐使再次出发；最澄、空海入唐 | |
| 805 | 第十四次遣唐使参加元日朝贺；遭遇唐德宗去世；同年回国 | 唐顺宗即位；因顺宗生病，让位于唐宪宗 |
| 806 | 第51代平城天皇即位 | |
| 809 | 平城天皇让位于第52代嵯峨天皇 | |
| 810 | 平城太上天皇之变爆发 | |

续表

| 公历 | 倭国／日本（701年以后） | 中国（包含东亚） |
|---|---|---|
| 821—822 | | 唐、吐蕃、回鹘会盟；亚洲大陆内部基本由三大帝国瓜分 |
| 823 | 嵯峨天皇让位子第53代淳和天皇，立嵯峨太上天皇之子（仁明天皇）为太子 | |
| 833 | 淳和天皇让位子第54代仁明天皇，立淳和太上天皇之子为太子 | |
| 834 | 任命第十五次遣唐使 | |
| 836 | 第十五次遣唐使出发但被海风吹回 | |
| 837 | 遣唐使再出发，又被吹回 | |
| 838 | 遣唐使第三次出发；圆仁、圆载入唐 | |
| 839 | 第十五次遣唐使乘新罗船回国 | |
| 840 | 淳和太上天皇去世 | 与唐、吐蕃三足鼎立的回鹘帝国崩溃 |
| 841以前 | 惠萼入唐 | |
| 841 | | 会昌废佛开始，仅长安一地即有5000余名僧人还俗 |
| 842 | 嵯峨太上天皇去世；承和之变爆发，淳和太上天皇之子之子被废太子之位，仁明天皇之子被立为太子（文德天皇）；惠萼回国，开始筹款建立五台山日本国院 | 吐蕃赞普朗达玛被暗杀，吐蕃分裂；废佛对象推广到其他宗教，摩尼教僧人被处刑 |
| 844 | 惠萼第二次入唐成功 | |

续表

| 公历 | 倭国/日本（701年以后） | 中国（包含东亚） |
| --- | --- | --- |
| 845 | | 唐朝下令所有50岁以下的僧侣及外国僧人还俗 |
| 846 | | 下令废佛的唐武宗去世，唐宣宗即位；会昌废佛结束 |
| 847 | 惠萼与义空一同回国；圆仁回国 | |
| 848 | | 敦煌脱离吐蕃统治独立 |
| 849 | 惠萼第三次入唐成功 | |
| 850 | 仁明天皇让位于第55代文德天皇 | |
| 851 | | 敦煌遣使入唐，唐朝认可设置归义军节度使 |
| 849—854 | 在此期间，惠萼第四次入唐成功 | |
| 854 | 义空回国，惠萼为送义空第五次入唐 | |
| 858 | 第56代清和天皇即位，他是日本史上最早的幼帝 | |
| 862 | 真如亲王入唐，惠萼陪同 | |
| 875 | | 黄巢之乱（起兵） |
| 876 | 清和天皇让位于第57阳成天皇 | |
| 880—881 | 清和太上天皇去世 | 黄巢攻陷洛阳、长安，在长安称帝 |
| 881 | | 唐僖宗逃难至蜀 |
| 882 | | 黄巢军将领朱温归降唐朝，被赐名全忠 |

续表

| 公历 | 倭国／日本（701年以后） | 中国（包含东亚） |
|---|---|---|
| 883 | | 沙陀李克用夺回长安，皇帝还朝 |
| 884 | 阳成天皇让位于第58代光孝天皇 | 黄巢自杀 |
| 887 | 第59代宇多天皇即位；阿衡纷议爆发 | |
| 893 | 宇多天皇立其子（醍醐天皇）为太子 | |
| 894 | 计划派遣遣唐使，但最终取消 | |
| 897 | 宇多天皇让位于第60代醍醐天皇 | |
| 900 | | 后百济独立 |
| 901 | 菅原道真左迁为大宰权帅 | |
| 907 | | 唐朝末代皇帝哀帝禅让于朱全忠，后梁建国 |
| 911 | | 甘州回鹘与吐蕃系势力向后梁遣使，后梁向使者之一的僧人赐紫衣 |
| 916 | | 契丹以耶律阿保机为中心形成帝国 |
| 918 | | 高丽建国 |
| 923 | | 后梁灭亡，后唐建国 |
| 924 | | 五台山佛教组织前往西域的僧人将后唐建国的消息告知敦煌；从此以后，外国更多以僧人为使者出使中国，也有给他们赐紫衣、大师号的记载 |

续表

| 公历 | 倭国／日本（701年以后） | 中国（包含东亚） |
|---|---|---|
| 926 | 宽建申请"入唐" | 契丹灭渤海国 |
| 927 | 宽建等人入唐，但宽建不久后去世 | |
| 930 | 第61代朱雀天皇即位 | |
| 930—933 | 宽建的从僧宽辅入京 | |
| 936 | 吴越商人告知日本吴越王希望通交 | 契丹灭后唐，后晋建国；高丽统一朝鲜半岛 |
| 946 | 朱雀天皇让位于第62代村上天皇 | 契丹灭后晋 |
| 947 | 吴越国王与藤原实赖通书信 | 契丹占领后晋国都开封；契丹军队放弃开封；后汉建国 |
| 951 | 吴越国使者来日，希望日本送出天台经典 | 后周建国 |
| 953 | 吴越国王与藤原师辅通书信 | |
| 955 | | 后周世宗发动废佛 |
| 960 | | 宋朝（北宋）建国 |
| 972 | | 《开宝藏》的版木在蜀开始制作 |
| 975 | | 吴越国将国土献给宋朝 |
| 979 | | 宋朝统一中国 |
| 983 | 奝然入宋 | |
| 986 | 奝然获赐紫衣、大师号并回国；宋朝通过奝然敦促日本朝贡，但日本未答应 | |